사랑이신 주님,

이 책과 함께하는 100일간의 여정을 축복해 주시어
제 삶의 등불이 되게 하소서.
그로써 마침내 당신과의 일치로
하나 될 수 있도록 이끌어 주소서.
아멘.

시작한 날 ______________________

마친 날 ______________________

이름 · 세례명 ______________________

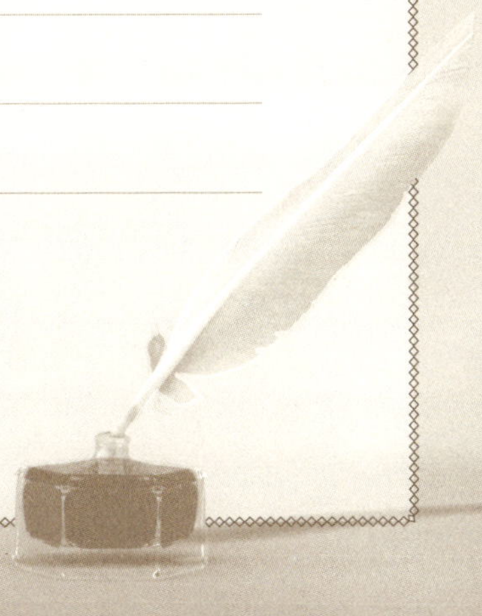

《준주성범》을 쓰기 전에

•

주님, 저로 하여금
알아야 할 것을 알게 하시고
사랑해야 할 것을 사랑하게 해 주시며,
당신 마음에 맞는 것을 찬미하게 하시고,
당신께서 귀하다고 하시는 것들을
귀하게 여기게 해 주시며,
당신 눈에 더럽게 보이는 것들을
저도 하찮게 보게 해 주소서.

– 《준주성범》 제3권 제50장 7절

《준주성범》을 쓴 다음에

•

저의 주 하느님,
당신께 무한한 찬미와 찬양을 드리려는
저의 정성과 소원을 받아 주소서.
당신의 형언할 수 없는 광대무변廣大無邊하심은
찬미와 찬양을 받아야 마땅합니다.
매 순간 당신을 그렇게 찬미하고
감사를 드리게 해 달라고
천상의 모든 천사와 모든 신자와 함께
청하고 간구합니다.

— 《준주성범》 제4권 제17장 4절

*

《준주성범 묵상 노트》 시작하기

- **성경 다음으로 가장 많이 읽힌 영성 지도서, 《준주성범》**

우리는 신앙이 깊어질수록 하느님과 깊은 만남을 원하게 됩니다. 그래서 다양한 방법을 찾아 그분과 더 가까워지고자 하지요. 이런 물음을 가지고 사는 이들에게 길잡이가 되어 줄 책이 바로 《준주성범》입니다. 말 그대로 '그리스도를 본받기 위한 규범'이라는 뜻의 이 책은 15세기 아우구스티노 수도회의 토마스 아 켐피스 신부가 쓴 이래로 약 7세기에 걸쳐 널리 읽혀 왔습니다. 또한 그리스도교 신자뿐 아니라 비신자들에게도 사랑받아 왔으며, 그리스도인의 이상을 가장 명확하고 간결하게 나타낸 영성 지도서라는 평가를 받고 있습니다.

- **진정으로 하느님을 찾고자 갈망하는 이들의 영원한 벗, 삶의 지혜와 교훈이 생생히 담긴 책**

이 책은 시련 안에서도 항구한 그리스도인의 믿음을 강조합니다. 그래서 우리가 신앙생활에서 맞닥뜨리는 많은 어려움 안에서도 하느님을 바라보고, 굳은 믿음을 지닐 수 있도록 합니다. 또한 예수 그리스도께서 인간으로 계실 때 그분이 인간의 모든 고뇌와 번민을 어떻게 극복하셨고, 어떠한 모범을 보여 주셨는지를 알려 줍니다. 아울러 우리 자신을 새롭게 가꾸어 갈 수 있도록 이끌어 주는 삶의 지혜와 교훈이 담겨 있습니다. 그러기에 보다 깊은 영성으로 나아가려는 많은 이들에게 큰 도움이 될 것입니다.

- **그리스도교 신앙인의 필독서를 직접 필사하며 느껴 보다!**

이 노트는 100일 동안 《준주성범》의 가르침을 묵상하고 필사할 수 있도록 구성되었습니다. 그래서 평소에 이 책을 읽고 싶었지만 시간에 쫓겨 미처 접하지 못했던 분들, 신앙생활이 무미건조해졌다고 느끼는 분들, 혹은 필사를 시작하기로 한 분들에게 새로운 이정표가 되어 줄 것입니다. 또한 이 노트의 특징은 단순히 책의 내용을 필사하는 데에서 그치지 않고, 제시된 활동을 해 보며 나만의 독서 노트처럼 꾸밀 수 있다는 점입니다. 그래서 《준주성범》에 담긴 말씀을 삶 안에서 새기고 실천할 좋은 기회를 선사합니다.
《준주성범》을 기도하는 마음으로 한 글자, 한 글자 써 보세요. 우리 마음이 그리스도의 향기 가득한 꽃밭이 되어 한층 굳건한 신앙을 지닐 수 있도록 이끌어 줄 것입니다.

《준주성범 묵상 노트》 작성 예시

세상의 헛된 것을 버리고 그리스도를 본받음

*

1 "나를 따르는 이는 어둠 속을 걷지 않고 생명의 빛을 얻을 것"(요한 8,12)이라고 주님께서 말씀하셨다. 이는 우리에게 깨우침을 주시는 그리스도의 말씀이다. 우리가 진정으로 광명을 받아 깨닫고 마음의 눈이 멀지 않으려면 그리스도의 삶과 행실을 본받아야 한다. 그러므로 예수 그리스도의 일생을 묵상하는 것이야말로 우리에게는 가장 중요한 과제다.

3 삼위일체에 관한 고상한 교리를 가르치더라도 겸손하지 않아 삼위일체이신 하느님의 마음을 거스른다면 무슨 유익함이 있겠는가? 웅변으로 성인이나 의인이 되는 것은 결코 아니다. 성덕을 가꾸며 살아야만 하느님의 사랑을 받는다. 통회가 무엇인지 해석하고 설명할 수 있는 것보다 차라리 통회하는 정신을 갖기를 바란다. 네가 성경을 다 알고 모든 철학자의 이론을 다 안다고 해도 하느님의 사랑과 은총이 없다면 그 모든 지식이 무슨 소용이 있겠는가? 하느님을 사랑하고 그분을 섬기는 것 외에는 "허무로다, 허무! 모든 것이 허무로다!"(코헬 1,2) 현세를 경계하며 하느님 나라를 사모하는 것이야말로 가장 높은 지혜다.

– 제1권 제1장

▶ 1. 《준주성범》 읽기
《준주성범》에서 꼭 새겨보아야 할 구절을 발췌해 실었습니다. 차분하게 본문을 읽으며 마음에 들어오는 문장이 무엇인지 묵상해 봅시다.

1

Date 2021 / 12 / 1 / 수

● 내 마음에 닿은 문장

네가 성경을 다 알고 모든 철학자의 이론을 다 안다고 해도 하느님의 사랑과 은총이 없다면 그 모든 지식이 무슨 소용이 있겠는가? 현세를 경계하며 하느님 나라를 사모하는 것이야 말로 가장 높은 지혜다.

▶ 2. 내 마음에 닿은 문장
본문을 읽고 내 마음에 가장 와 닿는 구절을 정성스럽게 필사해 봅시다. 책의 내용을 직접 써 봄으로써 다시 한번 마음에 깊이 새길 수 있습니다.

● 《준주성범》 깊이 읽기

· 가장 높은 지혜란 무엇입니까?

본문에서는 현세를 경계하며 하느님 나라를 사모하는 것이야말로 가장 높은 지혜라고 이야기하고 있다.

▶ 3. 《준주성범》 깊이 읽기
① 《준주성범》의 가르침을 되새길 수 있는 질문을 실었습니다. 본문을 다시 읽고 알맞은 답을 작성해 봅시다.
② 제시된 질문을 토대로 묵상하고 성찰한 바를 작성해 봅시다.

· 하느님께 대한 믿음보다 눈에 보이는 현세의 것을 추구하며 살고 있지 않은지 묵상해 봅시다.

오늘 《준주성범》의 마지막 구절처럼 세상 것과는 거리를 두고, 오로지 하느님만을 바라볼 때에 얻는 것이 참된 지혜이며, 이것이 우리 삶의 중심이 되어야 함을 다시 한번 깨달았다.

● 나의 묵상

그동안 완벽한 지혜를 먼 곳에서 찾았던 게 아닌가 싶다. 주님을 사랑하고, 그분의 나라를 사랑하는 것만이 가장 높은 지혜라는 말을 마음에 깊이 새기도록 해야겠다. 그리고 어려움 중에서도 오로지 하느님만을 믿고 따르리라 다짐해 본다.

▶ 4. 나의 묵상
본문을 읽고 마음속에 남은 묵상을 적어 봅시다. 또한 '《준주성범》 깊이 읽기'에서 성찰한 바를 토대로 이를 내 삶에 어떻게 적용할 수 있을지 고민해 봅시다.

세상의 헛된 것을 버리고 그리스도를 본받음

✻

1 "나를 따르는 이는 어둠 속을 걷지 않고 생명의 빛을 얻을 것"(요한 8,12)이라고 주님께서 말씀하셨다. 이는 우리에게 깨우침을 주시는 그리스도의 말씀이다. 우리가 진정으로 광명을 받아 깨닫고 마음의 눈이 멀지 않으려면 그리스도의 삶과 행실을 본받아야 한다. 그러므로 예수 그리스도의 일생을 묵상하는 것이야말로 우리에게는 가장 중요한 과제다.

3 삼위일체에 관한 고상한 교리를 가르치더라도 겸손하지 않아 삼위일체이신 하느님의 마음을 거스른다면 무슨 유익함이 있겠는가? 웅변으로 성인이나 의인이 되는 것은 결코 아니다. 성덕을 가꾸며 살아야만 하느님의 사랑을 받는다. 통회가 무엇인지 해석하고 설명할 수 있는 것보다 차라리 통회하는 정신을 갖기를 바란다. 네가 성경을 다 알고 모든 철학자의 이론을 다 안다고 해도 하느님의 사랑과 은총이 없다면 그 모든 지식이 무슨 소용이 있겠는가? 하느님을 사랑하고 그분을 섬기는 것 외에는 "허무로다, 허무! 모든 것이 허무로다!"(코헬 1,2) 현세를 경계하며 하느님 나라를 사모하는 것이야말로 가장 높은 지혜다.

– 제1권 제1장

1

Date / / /

- 내 마음에 닿은 문장

- 《준주성범》 깊이 읽기

· 가장 높은 지혜란 무엇입니까?

· 하느님께 대한 믿음보다 눈에 보이는 현세의 것을 추구하며 살고 있지 않은지 묵상해 봅시다.

- 나의 묵상

자신을 겸손히 낮춤

*

1 알고자 하는 마음을 갖는 것은 사람의 본성이다. 그러나 하느님을 두려워하는 마음이 없다면 지식이 무슨 소용이 있겠는가? 해와 달과 별이 도는 길을 익히며 연구하는 교만한 학자보다는 하느님을 섬기는 촌백성이 분명히 더 낫다. 자신을 아는 사람은 스스로를 낮추며 사람이 하는 칭찬을 즐기지 않는다. 세상 모든 것을 다 안다고 해도 사랑이 없으면, 나의 행실을 보고 심판하실 하느님 대전에서 그것이 무슨 도움이 되겠는가?

2 너무 지나치게 알려 하지 마라. 바로 거기서 수없이 많은 분심거리가 생기고 수없이 많이 속게 된다. 지식이 많은 사람들은 남에게 유식하게 보이려 하고 지혜롭다는 칭찬을 듣고 싶어 한다. 그런 마음을 갖고 있다면 아는 것이 아무리 많다 해도 영혼에는 아무런 유익함을 주지 못하며, 때로는 해롭기까지 하다. 자신의 영혼을 구하는 데 도움이 되는 것은 제쳐놓고 다른 일에 몰두하는 사람은 정말로 미련하다. 그럴듯하게 들리는 말들이 수없이 많이 있지만 정작 영혼에 만족을 주는 말은 없다. 착한 행실이야말로 정신을 새롭게 하고, 깨끗한 양심이야말로 하느님에 대한 신뢰심을 가져다준다.

– 제1권 제2장

2

Date / / /

• 내 마음에 닿은 문장

• 《준주성범》 깊이 읽기

· 세상 모든 것을 안다고 해도 반드시 필요한 것은 무엇입니까?

· 다른 이를 위해 희생할 수 있는 선행에는 무엇이 있는지 생각해 보고, 이를 어떻게 실천할지 묵상해 봅시다.

• 나의 묵상

진리의 길을 따름

✱

3 누구든지 정신을 집중하고 마음을 단순하게 할수록 그만큼 힘들이지 않고 많은 것을 깊이 있게 깨닫게 된다. 이는 하늘로부터 오는 총명의 빛을 받기 때문이다. 마음이 정결하고 순직하고 항구하면 아무리 일이 많아도 정신이 산만해지지 않는데, 이는 모든 것을 하느님을 공경하기 위하여 행할 뿐, 자신을 위하여 사사로운 이익을 찾지 않기 때문이다. 네 마음에 있는 절제되지 않는 욕망보다 너를 방해하고 성가시게 구는 것이 또 있겠는가? 착하고 신심이 깊은 사람은 겉으로 행할 일을 마음속으로 먼저 계산한다. 또 무슨 일을 하더라도 사욕으로 기울어지려는 욕망을 따르지 않을 뿐만 아니라, 오히려 바른 이성의 명령을 따른다. 자신을 이기려고 하는 싸움보다 더 맹렬한 싸움이 어디 있겠는가? 그러므로 우리는 날마다 자기 자신을 용감하게 극복하고, 선善으로 더 가까이 나아가려고 힘써야 한다.

– 제1권 제3장

Date / / /

- 내 마음에 닿은 문장

- 《준주성범》 깊이 읽기

· 마음이 정결하고 순직하고 항구하면 왜 정신이 산만해지지 않습니까?

· 하느님의 뜻에 귀 기울이지 않은 채, 세속의 유혹에 쉽게 굴복한 적이 있는지 묵상해 봅시다.

- 나의 묵상

슬기롭게 행동함

*

1 무슨 말이든지 다 믿을 것도 아니요, 마음속에서 무슨 충동이 생겼다고 즉시 그대로 할 것도 아니다. 하느님의 뜻을 생각하여 매사를 주의 깊게 준비해야 할 것이다. 그러나 애석하게도 우리는 남을 착하다고 하기보다 그르다고 믿고 말하기가 일쑤다. 우리는 그렇게 연약하다. 그러나 완덕에 이른 사람은 남의 말을 쉽사리 믿지 않는데, 그는 사람들이 연약하여 악으로 잘 기울어지고, 말실수도 하기 쉽다는 것을 알고 있기 때문이다.

2 무슨 일을 하든지 조급히 굴지 않고, 자기의 주장만을 고집하여 내세우지 않는 것은 큰 지혜다. 다른 이의 말을 분별없이 믿지 않고, 들은 말이나 자기가 믿는 것을 즉시 다른 사람에게 옮기지 않는 것도 큰 지혜다. 지혜롭고 또 양심이 바른 사람에게 가서 가르침을 청하여라. 너의 생각을 고집하기보다는, 너보다 더 훌륭한 사람에게 가서 배우도록 힘써라. 착하게 살아야 하느님의 뜻에 맞는 지혜로운 사람이 될 것이며, 좋은 경험을 많이 하게 될 것이다. 사람이 스스로 자기를 낮추어 생각할수록, 또 하느님께 더 잘 순종할수록 모든 일에서 지혜로워질 것이며 평화롭게 살 것이다.

– 제1권 제4장

Date / / /

- 내 마음에 닿은 문장

- 《준주성범》 깊이 읽기

· 사람이 스스로 자기를 낮추어 생각할수록 어떻게 살게 됩니까?

· 다른 이에 대한 평판이나 소문을 듣고 섣불리 비난한 적이 있는지 묵상해 봅시다.

- 나의 묵상

성경을 읽음

✱

1 성경을 읽는 것은 진리를 찾기 위해서지 문장을 따지기 위해서가 아니다. 성경을 읽을 때는 성경을 쓴 그 정신으로 읽어야 한다. 자신에게 유익한 것을 찾기 위해서 성경을 읽는 것이지, 다른 사람에게 성경에 대한 지식을 드러내려고 읽는 것이 아니다. 고상하고 심오한 서적을 읽는 것과 같은 정성으로 마음을 다하여 성경을 읽어야 한다. 성경을 쓴 저자의 권위를 따지지 마라. 그의 문학적 기술이 탁월하든 그렇지 못하든 상관치 말고, 오로지 진리를 사랑하는 마음으로 읽어야 한다. 누가 어떤 말씀을 하셨는지 찾지 말고, 무엇을 말씀하셨는지에 주의를 기울여라.

2 사람은 죽어 사라져도 "주님의 진실하심 영원하여라."(시편 117,2) 하느님께서는 사람에 대하여 여러 가지 방법으로 우리에게 말씀하신다. 우리는 호기심을 가지고 성경을 읽기 때문에 자주 해를 입는다. 그대로 읽어 나가도 좋을 것을 알아들으려 하고 해석하려 한다. 성경을 읽어 유익해지려면 겸손한 마음으로 순박하고 성실하게 읽어라. 그리고 남에게 성경에 대해 박식하다는 말을 들으려는 마음을 절대로 갖지 마라. 잘 아는 사람에게 물어보고 성인들의 말씀에 귀 기울여라. 성현들이 비유를 들어 해석한 것은 아무 뜻 없이 한 것이 아니니 이를 가벼이 여겨서는 안 된다.

– 제1권 제5장

Date / / /

- 내 마음에 닿은 문장

- 《준주성범》 깊이 읽기

· 성경을 읽고 유익해지려면 어떻게 읽어야 합니까?

· 성경 통독이나 필사를 해 본적이 있습니까? 성경 말씀을 깊이 있게 받아들이려면 어떤 마음가짐을 지니고 읽어야 할지 묵상해 봅시다.

- 나의 묵상

절제하지 않는 사욕을 극복함

1 사람은 너무 많은 것을 탐할 때 불안함을 느낀다. 교만한 사람과 인색한 사람은 한순간도 평안히 지낼 수가 없다. 마음으로 가난하고 겸손한 사람은 평화롭게 산다. 자신에 대하여 온전하게 죽지 않은 사람은 머지않아 시련을 당하며, 사소하고 하찮은 일에도 걸려 넘어진다. 마음이 약하여 육신의 노예가 되어 쾌락에 기울어진 사람은 세속의 모든 욕망을 끊어 버리는 것을 대단히 어려워한다. 그런 사람은 세속적 쾌락이 사라지면 슬퍼하고, 누가 그를 반대하면 쉽게 분노한다.

2 그러나 그 욕망을 충족시키면 즉시 양심이 그를 보채어 괴롭힌다. 마음의 평화에 아무런 도움이 되지 않는 사욕을 따랐기 때문이다. 마음의 참된 평화는 사욕을 극복함으로써 얻을 수 있는 것이지, 결코 그 사욕을 채우는 것으로 이루어지는 것이 아니다. 그러므로 평화는 육신의 노예가 된 사람의 마음에 있는 것이 아니고, 바깥일에만 몰두하는 사람의 마음에 있는 것도 아니며, 오직 열심히 영적 생활을 하는 사람의 마음에만 있는 것이다.

– 제1권 제6장

6

Date / / /

- 내 마음에 닿은 문장

- 《준주성범》 깊이 읽기

· 평화는 어떤 사람의 마음에만 있습니까?

· 새해가 시작할 때마다 다짐하지만 쉽사리 끊어내지 못하는 습관이 있습니까? 그 습관을 끊기 어려운 이유는 무엇인지 묵상해 봅시다.

- 나의 묵상

헛된 희망과 교만을 피함

1 사람이나 다른 피조물을 신뢰하는 것은 헛된 일이다. 예수 그리스도를 사랑하는 마음으로 다른 사람에게 봉사하며, 다른 사람 눈에 가난한 사람으로 보이는 것을 부끄러워하지 말아야 한다. 너는 너 자신을 신뢰하지 말고 하느님만을 신뢰하여라. 또한 네가 할 수 있는 것만 해라. 그러면 하느님께서 너의 좋은 지향을 헤아리시고 너를 도우실 것이다. 너는 네 지식도 믿지 말고 어떠한 현세의 기술도 믿지 말고, 오직 하느님의 은총에만 의지해야 한다. 하느님께서는 겸손한 사람을 도우시고, 스스로를 믿는 사람을 낮추시기 때문이다.

2 네게 재물이 많이 있다고 그것을 영광으로 삼지도 말고, 권력이 있는 친구가 있다고 그것을 대단하게 생각지도 말고, 오직 모든 것을 주시고 모든 것 위에 당신 자신을 내어 주고자 하시는 하느님을 모시는 것만을 영광으로 생각해야 한다. 너는 네 몸이 건강하고 아름답다고 자랑하지 마라. 네 몸은 사소한 병으로도 썩고 악취를 풍길 것에 불과한 것이다. 어떤 일을 훌륭하게 잘한다고, 혹은 어떤 특별한 재주가 있다고 자만하지 말아야 한다. 너한테 있는 타고난 그 좋은 모든 것들은 사실 다 하느님께서 주신 것이다. 그 좋은 것들 때문에 하느님과 결합하지 못할까 오히려 두려워해야 한다.

– 제1권 제7장

Date / / /

- 내 마음에 닿은 문장

- 《준주성범》 깊이 읽기

· 우리는 지식이나 현세의 기술이 아닌 어디에 의지해야 합니까?

· 내가 지닌 모든 것이 하느님으로부터 왔다는 것을 깨닫고 있습니까? 하느님께 감사함을 표할 수 있는 일에는 무엇이 있는지 묵상해 봅시다.

- 나의 묵상

무익한 이야기를 피함

1 너는 될 수 있으면 사람들 사이의 소란을 피하도록 하라. 세상일에 대한 논란에 휩싸이면 제아무리 순진한 생각을 갖고 있다 하더라도 적지 않게 마음의 혼란을 겪을 것이 분명하기 때문이다. 우리는 쓸데없는 것에 사로잡혀 나쁜 것에 물들기가 쉽다. 내가 전에 한 일을 생각할 때면 차라리 그때 말을 안 하고 그 사람들과 상종하지 않았으면 더 좋았으리라는 생각이 든다. 그런데도 우리는 왜 이렇게 자주 서로 무익한 이야기를 하는 것을 즐길까! 쓸데없는 말을 하지 않으면 양심에 상처를 받지 않아도 될 일이 매우 많다는 것을 알면서도 말이다! 우리가 말을 주고받는 것을 즐기는 것은 서로 많은 말을 함으로써 위로를 찾고자 함이요, 여러 가지 번잡한 생각으로 지친 마음을 쉬게 하고자 함이다. 우리가 즐겨 말하고 또 즐겨 생각하는 것은 우리가 많이 사랑하는 것, 많이 원하는 것 혹은 우리에게 거슬리는 일들이다.

– **제1권 제10장**

8

Date / / /

- 내 마음에 닿은 문장

- 《준주성범》 깊이 읽기

· 우리가 말을 주고받는 것을 즐기는 까닭은 무엇입니까?

· 의도치 않게 논란의 중심에 놓이게 되었거나, 싸움에 휘말린 적이 있습니까? 그때 내 마음은 어떠하였는지 묵상해 봅시다.

- 나의 묵상

성덕에의 열망과 평화를 구함

3 우리가 욕망을 완전히 끊고 마음의 번잡함을 없앤다면 하느님의 일에 맛들일 수도 있고 천상적 관상을 경험할 수도 있을 것이다. 우리에게 가장 크고 유일한 장애물은 우리가 욕망과 그릇된 열정에서 자유롭지 않다는 것과 성인들이 걸어간 완덕의 길을 따르려 하지 않는다는 것이다. 그래서 우리는 조그마한 역경에 직면하여도 너무 쉽게 실망하며 사람들로부터 위로를 받으려 한다.

4 그러나 우리가 전장의 용맹한 사람들처럼 곤경에 대항하여 맞서려 한다면, 하늘에 계신 하느님께서 반드시 우리를 지탱해 주실 것이다. 싸워서 이길 기회를 주시는 하느님께서는 당신 은총에 의지하며 싸우는 사람을 기꺼이 도와주려 하시기 때문이다. 외적인 규정에 의존하여 완덕의 진보를 이루려 한다면 우리의 신심은 오래지 않아 끝장나고 말 것이다. 그러니 그릇된 욕망으로부터 자유로워져 마음의 평화를 얻을 수 있는 근본적인 노력을 기울이자.

– 제1권 제11장

Date / / /

- 내 마음에 닿은 문장

- 《준주성범》 깊이 읽기

· 우리에게 가장 크고 유일한 장애물은 무엇입니까?

· 기도 안에서 주님과 어떤 대화를 나누고 있습니까? 하느님과 진실한 대화를 나누었는지 묵상해 봅시다.

- 나의 묵상

역경의 이로움

✠

1 가끔은 시련과 역경을 당하는 것이 유익하다. 우리가 당하는 시련과 역경은 우리가 귀양살이 중에 있다는 것과 세속 일에 희망을 두지 말아야 한다는 것을 잊지 않게 해 주기 때문이다. 가끔 우리는 우리를 반대하는 사람 때문에, 혹은 잘못한 일이 없고 잘못 생각한 게 없는데도 남이 우리를 잘못 판단하는 경우 때문에 괴로워하는데 이러한 괴로움 역시 우리에게 유익하다. 그런 일은 겸손한 마음을 갖게 하고, 허영심을 드러낼 위험을 피하는 데 도움이 되기 때문이다. 사람들이 우리를 하찮게 생각하고, 겉모습만을 보고 신뢰하려 하지 않는다면, 우리는 자연히 우리의 마음을 보시는 하느님을 더 찾으려 할 것이다.

2 그러므로 사람은 하느님께만 온전히 의탁하여 사람들이 주는 위안을 찾지 않도록 해야 한다. 선한 뜻을 지닌 사람이 고통이나 시련을 당하거나 악한 생각으로 괴롭게 되면, 하느님의 도우심이 얼마나 자기에게 필요한지를 깨닫게 되고, 하느님 없이는 사소한 선善이라도 행할 수 없다는 것을 분명하게 알게 된다. 이러한 경우에 사람은 근심하여 슬피 울고 자기의 불쌍한 처지를 생각하며 기도하고, 오래 살기보다는 차라리 죽을 때가 어서 와 그 괴로움에서 벗어나 그리스도와 함께 생활하기를 원한다. 그는 완전하고 충만한 평화와 안전을 이 세상에서는 찾을 수 없다는 것을 깨닫게 된다.

– 제1권 제12장

10

Date / / /

• 내 마음에 닿은 문장

• 《준주성범》 깊이 읽기

· 시련과 역경을 겪는 것은 왜 유익합니까?

· 힘들고 괴로운 순간에 어디에서 위로를 찾습니까? 하느님께 보는 것을 맡겼을 때 얻을 수 있는 것은 무엇일지 묵상해 봅시다.

• 나의 묵상

유혹에 맞섬 (1)

3 사람이 세상에 사는 동안에는 유혹에서 결코 안전할 수 없는데, 이는 유혹이 바로 우리 안에서 나오는 것이며 사람은 죄 중에 태어났기 때문이다. 하나의 유혹이나 시련이 지나가면 다른 유혹이나 시련이 또 온다. 우리는 원래의 은총 상태를 잃어버렸기 때문에 항상 고통받을 일이 있다. 많은 사람이 유혹에서 도망치려 하다가 더 깊이 빠져들기도 한다. 유혹은 피한다고 해서 간단하게 피해지는 것이 아니다. 우리는 오직 인내하고 참으로 겸손한 태도를 지님으로써 모든 원수들보다 더 강해질 수 있다.

– 제1권 제13장

11

Date / / /

- 내 마음에 닿은 문장

- 《준주성범》 깊이 읽기

· 사람이 유혹에서 결코 안전할 수 없는 이유는 무엇입니까?

· 참기 힘든 유혹을 이겨낸 적이 있습니까? 그때 유혹을 이겨 내지 못했더라도, 앞으로 이를 어떻게 극복해 나갈지 묵상해 봅시다.

- 나의 묵상

유혹에 맞섬 (2)

7 그러므로 우리가 유혹을 겪을 때 실망할 것이 아니라 오히려 하느님께 더 열심히 기도해야 할 것이니, 하느님은 우리가 곤란을 당할 때면 어느 때나 잘 도와주시며, 또한 바오로 사도의 말씀대로 '하느님께서는 우리에게 능력 이상으로 시련을 겪게 하지 않으시고 시련과 함께 그것을 벗어날 길도 마련해 주실 것'(1코린 10,13 참조)이기 때문이다. 그러므로 우리는 유혹을 당할 때나 시련을 겪을 때 우리의 영혼을 항상 하느님의 손아래로 낮추어야 할 것이다. 하느님은 마음으로 겸손한 이를 구하시고 들어 올리시기 때문이다.

8 유혹을 겪어 보고 시련을 당해 보아야 자신이 얼마나 진보했는지 알게 되고, 공로도 더 얻고 덕행이 잘 드러나게 된다. 아무 어려움이 없을 때 헌신적이고 성실한 것은 어려운 일이 아니다. 오히려 역경을 당하면서도 잘 참아 나갈 때 많이 진보할 수 있을 것이다. 어떤 사람은 큰 유혹에는 넘어가지 않으나 매일 작은 유혹에는 자주 넘어간다. 그는 사소한 시련에 자기가 넘어지는 것을 보고 스스로 겸손하게 되고, 더 나아가 큰 유혹 앞에서 자기 자신의 힘에 의지하지 않는 겸손을 배우게 된다.

– 제1권 제13장

12

Date / / /

- 내 마음에 닿은 문장

- 《준주성범》 깊이 읽기

· 유혹과 시련을 겪게 되었을 때 무엇을 알게 되며, 어떤 것이 드러납니까?

· 내가 맞닥뜨리는 "매일의 작은 유혹"이 있습니까? 이 유혹이 나를 괴롭히는 이유는 무엇인지 묵상해 봅시다.

- 나의 묵상

경솔한 판단을 피함

1 눈을 돌려 너 자신을 살피되, 남의 행위를 판단하지 않도록 주의하라. 사람이 남을 판단하는 데서는 헛된 수고를 하고 자주 잘못을 하고 쉽게 죄를 범하지만, 자기를 판단하고 자기를 살피는 데서는 오히려 중요한 유익함을 얻기 때문이다. 우리는 무엇이든 흔히 우리가 바라는 대로 판단한다. 그래서 사사로운 느낌 때문에 있는 그대로 관찰하지 못하는 경우가 많다. 우리가 열망하는 것이 하느님만을 향한 것이라면, 다른 사람의 견해가 우리와 대치되더라도 쉽게 동요되어서는 안 된다.

3 오래된 습관은 끊기가 어렵다. 누구나 제 생각에서 벗어나기를 원하지 않는다. 네가 예수 그리스도께 순명하는 덕을 따르지 않고 너의 지식과 재주를 따르려 하면 하느님께서 주시는 은총의 빛을 매우 드물게 또는 늦게 받을 것이다. 하느님께서는 우리가 당신께 온전히 순종하기를 원하시고, 당신에 대한 뜨거운 사랑으로 인간적 지혜를 넘어서기를 원하신다.

– 제1권 제14장

Date / / /

- 내 마음에 닿은 문장

- 《준주성범》 깊이 읽기

· 주님께 순명하지 않고 자신의 지식과 재주를 따르려 하면 어떻게 됩니까?

· 평소에 타인을 바라보는 내 시선과 마음이 잘못된 편견으로 차 있지는 않은지 묵상해 봅시다.

- 나의 묵상

애덕으로 수행한 과업

✱

1 세상의 무슨 일을 위하여, 또는 어떤 사람을 사랑하기 위하여 악한 일을 하지 마라. 그러나 도움이 필요한 사람을 위해서라면 좋은 일을 하던 중이라도 중지해야 할 때가 있고, 더 좋은 일을 위해서 이를 변경해야 할 때도 있다. 이런 경우 좋은 일을 하지 않는 것이 아니라, 도리어 더 좋은 일을 꾀하는 것이다. 사랑이 없는 형식적인 행위는 아무런 가치가 없다. 그러나 애덕으로 하는 일은 아무리 작고 사소한 일이라도 결실을 충분히 맺을 것이다. 이는 하느님께서 사람이 한 행위 그 자체가 아니라 사랑을 갖고 한 일을 더 중하게 여기시기 때문이다.

3 반면에 참되고 완전한 애덕을 갖춘 사람은 무슨 일에든지 자기를 찾지 않고 다만 하느님의 영광이 드러나기만 원한다. 게다가 이런 사람은 아무에게도 질투심을 내지 않으니 이는 자기의 사사로운 즐거움을 갈망하지도 않으며 또 자신에 대해서 스스로 만족하려고도 하지 않기 때문이다. 그는 다만 무엇보다도 하느님의 더 큰 영광만을 갈망한다. 그는 좋은 것이 있으면 그것을 사람에게 돌리지 않고 전적으로 하느님께만 돌리는데, 만물이 그 근원이신 하느님으로부터 나왔으며, 또 하느님 안에서 축복받은 모든 이들이 그 극진한 복락을 누리고 있음을 알고 있기 때문이다. 오! 참된 사랑의 불 한 덩어리만 있다면 세상의 모든 것이 허황됨을 확실히 깨달으련만!

– 제1권 15장

14

Date / / /

- 내 마음에 닿은 문장

- 《준주성범》 깊이 읽기

· 참되고 완전한 애덕을 갖춘 사람이 갈망하는 것은 무엇입니까?

· 내가 한 일보다 다른 이의 공로가 더 빛나게 되었을 때 이를 시샘한 적은 없는지 묵상해 봅시다.

- 나의 묵상

남의 과실을 참음

✣

1 자기에게 또는 남에게 고치지 못할 과실이 있다면 그는 하느님께서 달리 마련하실 때까지 인내를 갖고 기다려야 할 것이다. 이렇게 하는 것이 네가 너를 단련하고 인내하는 법을 배우는 데 더 나은 줄로 생각하여라. 시련도 없고 인내도 없다면 너의 공로는 그리 크게 헤아릴 바가 못 될 것이기 때문이다. 그렇지만 그 같은 어려움에서도 충심으로 잘 참아 나갈 수 있도록 하느님께서 너를 도우시기를 간절히 기도해야 한다.

4 그러나 하느님께서는 적절하게 조처하시어 우리로 하여금 '서로 남의 짐을 져 줄'(갈라 6,2 참조) 것을 배우게 하셨는데, 이는 결점이 없는 사람이 없고, 짐이 없는 사람이 없고, 스스로 만족하는 사람이 없고, 스스로 충분히 지혜로운 사람이란 없기 때문이다. 그러니 우리는 서로 참고, 서로 위로하고, 서로 도와주고, 서로 가르쳐 주고, 서로 훈계하는 것이 마땅할 것이다. 누가 얼마만한 덕행이 있는지는 역경을 당할 때에 잘 드러나며, 역경은 사람을 연약하게 하는 것이 아니라 그 사람의 됨됨이를 드러내 줄 뿐이다.

– 제1권 제16장

Date / / /

- 내 마음에 닿은 문장

- 《준주성범》 깊이 읽기

· 하느님께서는 우리가 왜 남의 짐을 지어 줄 것을 배우게 하셨습니까?

· 다른 이의 실수나 잘못을 비난하거나 지적한 적이 있습니까? 반대로 내 잘못은 부끄럽게 생각하여 감추려고 한 적은 없는지 묵상해 봅시다.

- 나의 묵상

고요함과 침묵을 사랑함 (1)

✱

1 여유를 가질 수 있는 적당한 때를 찾아라. 그리고 자주 하느님의 은혜를 묵상하라. 호기심거리는 무엇이든 버려라. 취미거리보다는 마음을 감동하게 할 만한 것들을 읽어라. 무익한 담화를 하지 말고 필요 없는 왕래를 끊고 헛된 소문과 쓸데없는 말을 듣지 않게 되면 묵상하기에 적절하고 충분한 시간이 있을 것이다. 수많은 위대한 성인들은 사람들과의 교제를 될 수 있는 대로 피하고, 피정을 하면서 하느님을 섬기는 일을 택했다.

– 제1권 제20장

16

Date / / /

- 내 마음에 닿은 문장

- 《준주성범》 깊이 읽기

· 본문에서는 취미거리보다는 무엇을 읽으라고 이야기합니까?

· 평소에 하느님과 얼마나 자주 만나고 있습니까? 혹시 이런 시간이 부족하다고 느낀다면 언제 어떻게 그분을 만나야 할지 묵상해 봅시다.

- 나의 묵상

고요함과 침묵을 사랑함 (2)

✱

6 침묵과 고요함 가운데서 신심 있는 영혼은 발전하고 성경의 심오한 진리들을 배운다. 침묵과 고요 가운데 슬픔과 통곡의 눈물로 밤마다 자기를 씻고 정화한다. 세상의 모든 번잡함으로부터 멀리 떨어져 있을수록 그만큼 더욱 조물주와 가까워진다. 그러니 하느님과 하느님의 거룩한 천사들은 아는 이들과 친구를 떠나는 사람에게 가까이 다가갈 것이다. 자신의 구원을 소홀히 하며 기적을 행하는 것보다는 숨어 살며 자기 구원에 참여하는 것이 낫다. 수도자가 좀처럼 밖에 나가지 않고, 남의 눈에 보이기를 피하고, 사람들을 볼 뜻을 갖지 않는 것은 칭송할 만하다.

8 어디를 가면 하늘 아래 있는 것에서 영원한 것을 볼 수 있다고 생각하는가? 네가 만족할 수 있을 것이라 생각하나 그렇게 만족할 경지에는 이르지 못할 것이다. 네가 모든 것을 다 본다 할지라도 그것이 허무한 환상이 아니면 무엇이겠는가? 눈을 하늘로 들어 하느님께 향하고 네 죄와 소홀함을 뉘우쳐 기도하라. 헛된 사물은 헛된 사람들에게 버려두고 하느님께서 네게 명하신 것에 마음을 두어라. 네 안의 문을 잠그고 네가 사랑하는 예수님을 불러라. 그분과 같이 네 방 안에서 살아라. 다른 데서는 그만한 평화를 얻지 못할 것이다. 네가 밖에 나가지 않고 또 이러저러한 세상의 풍설을 듣지 않았으면, 크나큰 평화 속에 살았을 것이다. 그러나 네가 바깥의 소식을 즐겨 듣곤 하기 때문에 마음의 번민을 겪게 되는 것이다.

– 제1권 제20장

Date / / /

- 내 마음에 닿은 문장

- 《준주성범》 깊이 읽기

· 신심 있는 영혼이 침묵과 고요함 중에 배우는 것은 무엇입니까?

· 신앙생활에서 하느님을 중심에 두는 것보다 사람들과 만나는 친교에 더 즐거움을 느낀 적은 없는지 묵상해 봅시다.

- 나의 묵상

절실한 통회심

*

1 완덕에 도달할 뜻이 있거든, 하느님을 두려워하며 살아야 하고, 너무 많은 자유를 쫓지 말고, 자신의 감정을 다스리고, 헛된 즐거움을 피해야 한다. 통회는 타락으로 잃어버린 축복이 들어오도록 문을 열어 준다. 자신의 귀양살이 처지와 자신의 영혼에 가해지는 많은 위험들을 깊이 생각하고 묵상하는 사람이 이 세상에서 완전하게 행복할 수 있다는 것이 과연 가능한 일이겠는가.

5 네가 오래 살 궁리를 하는 것보다 지상에서의 죽음을 더 자주 생각한다면 생활을 개선하려고 분명 더 노력할 것이다. 네가 지옥이나 연옥에서 장차 당할 벌을 진심으로 묵상한다면, 노동과 힘겨움을 자발적으로, 그리고 끈기 있게 참을 것이며 험한 생활을 무서워하지 않을 것이다. 그러나 그러한 생각이 마음속까지 이르지 못하고 세상의 유희를 아직도 사랑하기 때문에 우리는 이 냉담하고 나태한 상태를 벗어나지 못하고 있다.

– 제1권 제21장

Date / / /

- 내 마음에 닿은 문장

- 《준주성범》 깊이 읽기

· 완덕에 도달할 뜻이 있다면 어떻게 해야 합니까?

· 나는 행복을 어디에서 찾을 수 있다고 생각합니까? 진정한 행복의 정의에 대해 묵상해 봅시다.

- 나의 묵상

인간의 불행에 대한 성찰

✻

5 너는 어찌 결심한 바를 내일로 미루는가? 일어나라. 즉시 시작하며 다음과 같이 말하라. "지금이 내가 행할 때요, 지금이 내가 싸울 때요, 지금이 나의 생활을 고치는 데 매우 적당한 시기다." 살기가 어렵고 고통 중에 있을 때가 공로를 세울 때인 줄로 알라. 네가 쉬게 되기 전에는 반드시 불과 물을 지나야 할 것이다. 네가 용기를 내어 너를 이기지 않으면 네 악습을 이기지 못하리라. 우리가 이 유약한 육신을 짊어지고 있는 동안에는 죄로부터 자유로워질 수도 없고 근심과 슬픔 없이 살 수도 없다. 우리가 아무 불행 없이 편히 지낼 수 있으면 오죽이나 좋으련만, 우리는 죄악으로 말미암아 결백함을 잃음으로써 참된 복까지도 잃어버렸다. 그러므로 이 악이 지나갈 때까지, 그리고 생명이 죽음을 없앨 때까지, 인내를 가지고 하느님의 자비를 기다려야만 한다.

– 제1권 제22장

Date / / /

• 내 마음에 닿은 문장

• 《준주성범》 깊이 읽기

· 우리가 공로를 세울 수 있는 때는 언제입니까?

· 비사 참례나 묵주 기도를 꾸준히 하려고 결심했다가 미룬 적은 없는지 묵상해 봅시다.

• 나의 묵상

죽음에 대한 성찰 (1)

*

4 죽음의 때에 찾고자 하는 삶의 모습대로 지금 살려고 하는 사람은 얼마나 행복하며 슬기로운가! 세상을 철저히 가볍게 여기고, 덕행으로 나아갈 활기찬 원의를 품고, 수고하며, 보속하고, 기꺼이 순명하고, 자기를 이기고, 그리스도를 사랑하는 뜻으로 어떤 어려움이든 참아 견디는 것들, 그런 것들이 행복한 죽음에 대한 기대를 가져다줄 것이다. 건강할 때 훌륭한 일들을 많이 할 수 있다. 병이 들면 무엇을 할 수 있겠는가? 병중에 나아지거나 진보하는 이는 드물다. 마찬가지로 순례를 많이 하는 사람이 거룩해지는 경우도 드물다.

6 사랑하는 이여, 네가 항상 죽음을 두려워하고 곧 죽음을 당할 것처럼 생각하고 있다면, 얼마나 큰 위험을 피하며 얼마나 큰 두려움을 피할 수 있는지 보도록 하여라. 죽을 때를 무서워하기보다 오히려 즐거워할 수 있도록, 지금 그렇게 살기를 도모하라. 지금 세상에서 죽는 것을 배우면 그리스도와 함께 살기 시작할 것이다. 모든 것을 하찮게 여기는 것을 지금 익히면 그리스도께로 자유롭게 나아갈 것이다. 지금 보속하며 너의 육신을 책벌하면 확실한 신념을 가지게 될 것이다.

– 제1권 제23장

Date / / /

- 내 마음에 닿은 문장

- 《준주성범》 깊이 읽기

· 행복한 죽음에 대한 기대를 가져다주는 것은 무엇입니까?

· 죽음에 대하여 생각해 본 적이 있습니까? 죽음을 생각했을 때 어떤 감정이 드는지 묵상해 봅시다.

- 나의 묵상

죽음에 대한 성찰 (2)

✣

8 네가 죽은 다음에 누가 너를 기억하며, 누가 너를 위해 기도해 주겠는가? 사랑하는 이여, 무엇이든지 할 만한 것이 있으면 지금 하라. 네가 언제 죽을지 모르고, 또한 죽은 후 사정이 어떻게 될지도 모르기 때문이다. 시간이 있을 때 너 자신을 위하여 불멸하는 재물을 쌓아 놓아라. 네 영혼을 구하는 일 외에는 아무것도 생각지 마라. 하느님의 일만 신경 써라. 너 자신을 위하여 하느님의 성인들을 공경하고 그들의 행위를 본받음으로써 그들을 벗 삼아라. 이 세상을 하직하는 날에 '너는 그들의 영접을 받으며 영원한 집으로 들어가게 될 것이다.'(루카 16,9 참조)

9 너는 스스로를 이 세상을 지나는 순례자와 나그네로 여겨 세상의 모든 일에 상관치 마라. 네 마음을 아무 거리낌 없이 자유로이 보존하여 하느님께 두어라. '이 땅 위에는 우리를 위할 영원한 도성이 없기'(히브 13,14 참조) 때문이다. 매일 그분만을 바라보고 기도하고 탄식하고 슬퍼하며, 사후에 네 영혼이 행복하게 주님의 품으로 갈 수 있게 하라. 아멘.

– 제1권 제23장

21

Date / / /

- 내 마음에 닿은 문장

- 《준주성범》 깊이 읽기

· 죽음을 앞두기 전에 할 일을 지금 해야 하는 까닭은 무엇입니까?

· 삶의 마지막 순간에 이르렀을 때 예수님께 어떤 이야기를 드리고 싶은지 묵상해 봅시다.

- 나의 묵상

우리의 생활을 개선하려는 열망 (1)

1 너는 하느님을 섬기는 데 부지런하고 또 조심하여라. 그리고 '무엇 하러 여기 왔는가, 무엇 하러 세속을 떠났는가?'를 자주 생각하여라. 하느님을 위해 살고, 영적 인간이 되기 위해서가 아닌가? 그러므로 완전해지는 데 열중하라. 그리한다면 곧 네 수고는 보상을 받을 것이며, 또한 네가 죽을 시간에 너에게는 두려움이나 괴로움이 내리지 않을 것이다. 지금 조금만 수고하면 많이 쉬게 될 것이다. 아니, 영원한 즐거움을 누릴 것이다. 네가 끊임없이 행실에 충실하면, 하느님은 의심 없이, 성실히, 또 후하게 네게 갚으실 것이다. 게을러지거나 교만해지지 않음으로써 구원을 얻겠다는 희망을 가지더라도 자만하지 마라.

4 누구나 다 직면하고 극복해야 할 어려움을 갖고 있다. 진정 근면하고 성실한 사람이, 차분하나 덕행에 대해서는 관심이 적은 사람보다 비록 더 격정적일지라도 더 큰 진보를 이룰 것이다. 우리의 일생을 새롭게 하는 데에 특히 도움이 되는 것 두 가지가 있으니, 악한 본성으로 인해 생겨난 악습에서 힘차게 벗어나는 것과 필요한 은총들을 얻으려고 열심히 일하는 것이다. 또한 네가 남의 잘못으로 인해 자주 불쾌하거든 이를 극복하고 이러한 잘못으로부터 너 자신을 지키는 법도 배워라.

– 제1권 제25장

Date / / /

- 내 마음에 닿은 문장

- 《준주성범》 깊이 읽기

· 어떤 사람이 덕행에 대해 관심이 적은 사람보다 더 큰 진보를 이룹니까?

· 내가 가장 두려워하는 것은 무엇입니까? 이를 이기고 영적 진보를 이루기 위해서는 어떻게 해야할지 묵상해 봅시다.

- 나의 묵상

우리의 생활을 개선하려는 열망 (2)

✠

10 사람이 세상사를 통해 위로를 찾지 않는 경지에 이르면, 하느님을 완전히 맛들이게 되고, 그때에는 어떠한 일을 겪든지 완전히 만족하게 된다. 그때에는 어떤 일이 성공적으로 잘 되었다고 호들갑스럽게 즐거워하지 않을 것이요, 제대로 일이 되지 않았다 하여 슬퍼하지도 않을 것이다. 다만 모든 일에 있어 그에게 모든 것이신 하느님께만 온전히 자신을 내어 맡긴다. 하느님 앞에서는 아무것도 없어지는 것이 없고 죽는 것도 없으며, 하느님께는 모든 것이 다 살고 그분께서 원하시는 대로 모든 것이 순종할 뿐이다.

11 항상 종말을 생각하라. 또 잃어버린 시간은 결코 돌아오지 않는다는 것도 생각하라. 조심하지도, 힘쓰지도 않으면 결코 덕행을 닦을 수 없다. 냉담하면 괴롭기 시작할 것이다. 네가 만일 분발하여 열심히 살면 많은 평화를 얻을 것이며, 하느님 은총의 도움으로 또 덕행을 사랑하는 마음으로 모든 짐은 가볍게 될 것이다. 열심하고 부지런한 사람은 모든 일을 기꺼이 행할 마음이 있다. 땀을 흘리며 하는 일보다 악습과 사욕을 이기는 것이 더욱 어렵다. 조그마한 과오를 피하지 않는 사람은 차차 더 큰 과오에 떨어진다. 네가 하루를 유익하게 잘 보냈으면 저녁때에는 항상 즐거워할 것이다. 스스로를 항상 살피고, 항상 깨우치며, 항상 훈계하고, 다른 사람은 어떠하든지 너를 살피는 데만 주의하라. 네가 힘을 쓰는 그만큼 발전하리라. 아멘.

– 제1권 제25장

23

Date / / /

- 내 마음에 닿은 문장

- 《준주성범》 깊이 읽기

· 분발하여 열심히 살면 무엇을 얻게 됩니까?

· 내게 주어진 하루를 감사히 보냈습니까? 불평불만으로 가득 찬 채, 주님께서 주신 새로운 나날을 허투루 보내지는 않았는지 묵상해 봅시다.

- 나의 묵상

명상 - 내적 행동거지

*

4 세상에서 이리저리 무엇을 찾는가? 이 세상은 네가 편안히 살 곳이 못 된다. 네 처소는 하늘에 있음으로 세상의 모든 것은 그냥 스쳐 지나가는 것에 불과하다. 만물은 다 지나간다. 너 또한 그것과 더불어 지나간다. 그러니 너는 그 무엇에 집착하고 사로잡혀 망하지 않도록 주의하라. 네 생각은 지존하신 하느님께 두어야 할 것이다. 쉬지 않고 그리스도께 간구하는 말씀을 드려라. 고상한 문제와 천상의 것을 고찰할 수 없거든 그리스도의 수난을 묵상하며 그분의 오상에 즐겨 머물러라. 예수님의 상처에로 향하고 예수님의 보배로운 오상에 신심을 다하여 의지하면, 고통 중에 많은 위로와 격려를 받을 것이며, 설령 남들이 너를 하찮게 보더라도 스스로 이를 문제 삼지 않을 것이고, 비방하는 말을 들을지라도 잘 참게 될 것이다.

8 모든 일이 잘 이루어지고, 모든 죄로부터 깨끗해졌다면, 그 모든 일은 네게 선이 되고 이로움을 줄 것이다. 그러나 너는 아직 너 자신을 완전히 극복하지도 못하고, 또 모든 세상 사물에 대한 동경을 끊어 버리지도 못하였으니 그것들이 너를 자주 불편하게 하고 어지럽힐 것이다. 세상 일에 대한 불순한 애착심처럼 사람의 마음을 더럽히고 어지럽히는 것은 없다. 네가 만일 세상 위로를 버린다면 그때는 천상의 것에 맛들이고 마음의 즐거움을 자주 느낄 수 있을 것이다.

— 제2권 제1장

Date / / /

• 내 마음에 닿은 문장

• 《준주성범》 깊이 읽기

· 우리가 세상 위로를 버릴 때 느낄 수 있게 되는 것은 무엇입니까?

· 힘들었던 순간에 위로가 되었던 예수님의 말씀이나 성경 구절이 있다면 이를 다시금 묵상해 봅시다.

• 나의 묵상

겸손

✱

1 누가 네 편에 서 있든 반대편에 서 있든 걱정하지 말고, 네가 하는 모든 일에 하느님께서 너와 함께 계시도록 힘써 행하라. 너의 좋은 양심을 보존하라. 그러면 하느님께서 너를 보호하실 것이다. 사람이 어떤 사악한 행동을 하더라도 하느님께서 도와주시고자 하는 사람을 해치지 못할 것이다. 만일 네가 침묵 속에 고통을 참을 줄 안다면 분명히 주님께서 도우실 것이다. 그분은 너를 구할 시간과 방법을 알고 계시니 그분께 너를 맡겨야 한다. 모든 일을 도와주고 모든 혼잡함에서 우리를 구원하는 것이 하느님의 일이다. 우리의 허물을 남들이 알고 책망하는 것이 우리의 겸손을 보존하는 데 가끔은 매우 유익한 일이다.

2 사람이 자신의 나약함을 알고 자기를 낮출 때에 남을 쉽게 위로하고 자기에게 화를 낸 이의 마음을 쉽게 달래 줄 수 있다. 하느님께서는 겸손한 이를 보호하시고 구원하시며, 겸손한 이를 사랑하시고 위로하시며, 겸손한 이를 굽어보시고 큰 은총을 내리시며, 그를 낮추신 후에는 반드시 영광으로 들어 올리신다. 하느님께서는 겸손한 이에게 당신의 신비를 드러내시고, 당신께로 다정하게 이끄시며, 당신께로 부르신다. 겸손한 사람은 부끄러운 일을 당하여도 평화를 잃지 않고 잘 지내는데 그것은 그가 세상에 마음을 붙이지 않고 하느님께만 의지하기 때문이다. 네가 모든 사람들 가운데 가장 낮은 사람이라 생각되지 않거든, 완덕을 닦는 데 어떠한 발전도 이루어지지 않았다고 생각하라.

– 제2권 제2장

Date / / /

- 내 마음에 닿은 문장

- 《준주성범》 깊이 읽기

· 겸손한 사람이 부끄러운 일을 당해도 평화롭게 지내는 까닭은 무엇입니까?

· 내가 하는 모든 일에 하느님의 손길이 함께하신다고 생각하며 임했는지 묵상해 봅시다.

- 나의 묵상

사람 안에 있는 선함과 평화

*

1 너는 너 자신을 먼저 평화 가운데 보존하라. 그러면 남에게 평화를 줄 수 있다. 선한 사람은 박학한 사람보다 더 많은 유익함을 준다. 악습에 젖은 사람은 좋은 것이라도 악하게 만들고 악한 것을 쉽게 믿는다. 선한 사람은 모든 것을 선으로 바꾼다. 평화 속에서 잘 지내는 사람은 남을 의심치 않는다. 모든 일에 만족할 줄을 모르며 항상 불안해하는 사람은 갖가지 의심이 일어나 번민을 느끼고, 결국에는 자기도 편히 지내지 못하고 남도 편하게 하지 못한다. 그런 사람은 하지 않아야 할 말을 자주 하고, 해서 유익할 일을 하지 않으며, 다른 사람은 무엇인가 해야 할 의무가 있다고 생각하면서, 정작 자기의 의무는 소홀히 한다. 그러니 먼저 너 자신을 걱정하라. 그러면 남의 걱정을 헤아릴 수 있을 것이다.

3 자기도 편하게 지내면서 남과도 화목하게 잘 지내는 사람들도 있지만, 자기도 불안하고 남도 불편하게 하여 다른 사람을 곤란하게 하고 자신에게는 더 큰 곤란을 초래하는 사람도 있다. 또 평화 속에서 자신을 편하게 다스리면서 다른 사람도 평화 속에서 살게 하려고 애쓰는 사람도 있다. 그렇지만 가련한 이 세상에서 우리의 평화는 아무런 저항도 없는 곳에서 이루어지는 것이 아니라 겸손하게 고통을 참아 가는 데 있다. 그래서 고통을 참으면 참을수록 그만큼 평화를 누리는 것이다. 이 이치를 깨달은 사람은 자신을 극복한 승리자요, 세상의 주권자요, 그리스도의 벗이며, 천국의 상속자다.

– 제2권 제3장

Date / / /

- 내 마음에 닿은 문장

- 《준주성범》 깊이 읽기

· 평화 속에서 잘 지내는 사람은 어떤 사람입니까?

· 스트레스를 받았을 때, 친구나 가족 같은 가까운 이들에게 부정적인 감정을 쏟아낸 적은 없는지 묵상해 봅시다.

- 나의 묵상

순결과 순박

*

1 사람이 세상 것으로부터 자유로워져서 위로 오르는 데는 두 날개가 필요하다. 즉 순박한 마음이라는 날개와 순결한 마음이라는 날개다. 우리의 지향에는 반드시 순박함이 있어야 하고, 감정에는 반드시 순결함이 있어야 한다. 순박함으로써 사람이 하느님께로 향하고, 순결함으로써 하느님을 얻어 누리게 된다. 네가 절제 없는 감정에서 벗어나면, 어떠한 선한 행동도 어렵지 않게 행할 수 있을 것이다. 하느님께서 좋아하시는 것과 남에게 유익한 것 외에는 아무것도 뜻하지 않고 찾지 않는다면 안으로부터의 자유를 누리게 될 것이다. 네 마음이 바르다면 모든 피조물은 생명의 거울이 될 것이며, 거룩한 학문을 가르치는 책이 될 것이다. 피조물이 아무리 작고 보잘것없다 할지라도 하느님의 선을 드러내지 못할 만큼 작고 보잘것없는 것은 없다.

– 제2권 제4장

Date / / /

- 내 마음에 닿은 문장

- 《준주성범》 깊이 읽기

· 사람이 위로 오르는 데에 필요한 두 날개는 무엇입니까?

· 누군가를 배려하는 마음이 오히려 손해를 보는 일이라고 생각한 적은 없는지 묵상해 봅시다.

- 나의 묵상

자신을 살핌

*

1 은총과 깨우침이 부족한 우리는 자신을 온전히 신뢰하지 못한다. 우리에게 빛이 있다 해도 미소微小한 것이며, 게다가 그것마저도 소홀히 하기 때문에 그 빛을 순식간에 잃어버린다. 또한 우리는 자주 내적인 눈이 먼 사실을 깨닫지 못한다. 우리는 자주 잘못을 저질러 놓고도 핑계를 대며 더 악해진다. 어떤 때 우리는 사욕에서 한 것을 마치 열정으로 한 것처럼 생각한다. 남의 조그마한 잘못은 책망하면서, 우리의 더 큰 잘못은 간과해 버린다. 남들 때문에 우리가 어떤 고통을 받았는지는 빨리 헤아리지만 우리가 남에게 고통을 준 사실은 깨닫지 못한다. 자기 사정을 바르게 잘 관찰할 줄 아는 사람은 남에 대하여 엄하게 판단하지 않을 것이다.

3 네가 세상 모든 일로부터 온전하게 자유로우면 대단히 크게 발전할 것이다. 잠시 지나갈 세상의 것을 중하게 여기는 것은 매우 큰 실수이기 때문이다. 하느님 혹은 하느님의 것 외에는 위대한 것도, 고상한 것도, 즐거움을 주는 것도, 마음에 드는 것도 없다. 어떠한 위로든지 그것이 세상 사물에서 오는 것이면 순전히 헛된 것이라 생각하라. 하느님을 사랑하는 영혼은 하느님보다 열등한 그 모든 것을 다 하찮게 보기 때문이다. 하느님 홀로 영원하시고 무량無量하시고 모든 것을 채우시며, 그분 홀로 영혼의 위로이시고 마음의 참된 즐거움이시기 때문이다.

– 제2권 제5장

28

Date / / /

- 내 마음에 닿은 문장

- 《준주성범》 깊이 읽기

· 남에 대해 엄하게 판단하지 않는 사람은 어떤 사람입니까?

· 내가 은연중에 한 말이나 행동이 다른 이에게 상처를 준 적은 없는지 묵상해 봅시다.

- 나의 묵상

어진 양심의 즐거움

✤

3 양심이 깨끗한 사람은 쉽게 만족을 누리고 평화를 얻을 것이다. 네가 칭찬을 듣는다고 더 거룩해지지 않고, 책망을 듣는다고 더 천해지지도 않는다. 너는 그대로 너다. 너 자신이 하느님의 눈에 보이는 것보다 더 나은 사람이라 말할 수 없다. 네가 네 속이 어떠한지 잘 살핀다면, 사람들이 너에 대해 무엇이라 하든지 상관치 않을 것이다. 사람은 얼굴을 보고 가치를 헤아리지만 하느님은 마음을 보신다. 사람은 행동을 살피지만 하느님은 그 뜻을 살피신다. 항상 잘하면서도 자신을 변변치 못하다고 생각하는 것은 겸손한 영혼의 표징이다. 세상 피조물 속에서 아무런 위로도 찾지 않는 것은 강한 신앙과 위대한 순결함의 표징이다.

4 세상에서 인정받기를 원하지 않는 사람은 자신을 분명하게 하느님께 의탁한 사람이다. 바오로 사도의 말씀대로, '인정을 받는 사람은 스스로 자기를 내세우는 자가 아니라 주님께서 내세워 주시는 사람이다.'(2코린 10,18 참조) 내적으로 하느님과 더불어 살면서 외적인 애착으로부터 자유로운 것, 이것이 곧 내적 생활 상태다.

— 제2권 제6장

Date / / /

- 내 마음에 닿은 문장

- 《준주성범》 깊이 읽기

· 세상 피조물에서 아무런 위로도 찾지 않는 것은 어떤 표징을 나타냅니까?

· 외적인 것에 집착하여 내가 진정으로 원하는 것을 깨닫지 못하고 있지는 않은지 묵상해 봅시다.

- 나의 묵상

예수님을 모든 것 위에 사랑함

*

2 그러므로 죽으나 사나 예수님께만 매달리며, 그분의 영광에 너를 의탁하라. 모든 것이 다 힘을 잃을 때 그분만은 너를 도우실 수 있다. 네가 사랑하는 분은 다른 것에 사로잡힌 사람을 받아들이지 않으실 것이다. 그분은 네 마음이 당신만을 향해 있기를 바라신다. 그분은 마치 임금이 자기 어좌에 앉아 있는 것처럼 네 마음에 당신이 머무시기를 원하신다. 네가 모든 피조물에 대해서 완전히 자유로울 수 있는 방법을 알게 된다면, 예수님께서는 기꺼이 네 안에 머무르실 것이다. 네가 예수님을 제쳐 두고 사람들한테 모든 신뢰를 둔다면 그것이 무엇이든 간에 완전한 실패임을 알게 될 것이다. 그러므로 바람에 흔들리는 갈대를 믿지도 말고 의탁하지도 마라. "모든 인간은 풀이요 그 영화는 들의 꽃과 같다. 주님의 입김이 그 위로 불어오면 풀은 마르고 꽃은 시든다."(이사 40,6-7)

— 제2권 제7장

Date / / /

- 내 마음에 닿은 문장

- 《준주성범》 깊이 읽기

· 예수님께서 기꺼이 우리 안에 머무르시게 하려면 무엇을 알아야 합니까?

· 내가 생각하는 예수님은 어떤 분입니까? 어떤 이보다도 그분을 신뢰하고 있는지 묵상해 봅시다.

- 나의 묵상

예수님과 친밀히 지냄

*

5 너는 어떤 피조물과도 얽히지 않고 내적으로 자유롭고 순수해야 한다. 네가 "주님께서 얼마나 좋으신지"(시편 34,9) 얼마나 달콤한지 알고 맛들일 뜻이 있다면, 모든 것을 다 덜어 내고 마음을 열어 하느님께 다가서야 한다. 네 안의 모든 것을 비워 버리고 비질하여 깨끗이 한 다음에, 주님하고만 결합하려면, 하느님의 은총이 먼저 내리시어 너를 이끌지 않으면 안 된다. 하느님의 은총이 사람에게 이르면 모든 일을 다 할 수 있지만, 은총이 그에게서 물러가면 즉시 궁핍해지고 약해져 채찍질이나 받기 위하여 사는 것같이 된다. 그러나 이러한 경우에라도 절망하고 좌절해서는 안 된다. 오히려 마음을 가다듬고 하느님의 뜻을 기다리고 예수 그리스도를 찬미하면서 자신에게 닥치는 일들을 견뎌야 한다. 겨울이 지나면 여름이 오고, 밤이 새면 날이 밝을 것이요, 비바람이 지나면 화창한 날이 다시 돌아오는 법이기 때문이다.

— 제2권 제8장

31

Date / / /

- 내 마음에 닿은 문장

- 《준주성범》 깊이 읽기

· 은총이 물러갈 때 절망하거나 좌절하지 말고 어떻게 행동해야 합니까?

· 주님께 기도를 드릴 때 어떠한 태도로 청하고 있는지 묵상해 봅시다.

- 나의 묵상

위로를 찾지 못할 때

✣

3 사람이 자기를 완전히 이기고 자기의 모든 정을 온전히 하느님께로만 향하게 되기까지는 먼저 자기와의 길고 긴, 그리고 용감한 싸움을 해야만 한다. 사람이 자신을 믿게 되면 오래지 않아 편리하게 사람의 위로만 찾으려 할 것이다. 그러나 그리스도를 참으로 사랑하며 덕행을 부지런히 닦는 이라면, 이런 위로에 이끌리지 않고, 그 같은 감각적 즐거움을 찾지도 않으며, 도리어 그리스도를 위하여 자신을 단련하고 어려운 일을 더 좋아할 것이다.

4 그러므로 너는 하느님께서 영적 위로를 주시거든 감사하게 받아라. 그렇지만 그것을 네 공로가 아니라 그분의 선물이라 생각하라. 환호하지도 말고, 지나치게 즐거워하지도 말고, 헛되이 무엇을 과분히 바라지도 마라. 다만 그 선물에 겸손에 겸손을 더하여 너의 모든 행동에 주의하고 조심해야 한다. 무릇 이러한 시간은 지나갈 것이며, 잠자던 유혹이 깨어나 나타날 것이기 때문이다. 하느님의 위로가 끊어진다고 해도 실망하지 마라. 겸손과 인내를 다하여 하느님께서 오시기를 기다리고 있어라. 하느님께서는 네게 더 큰 위로를 주실 수 있기 때문이다. 하느님의 길을 걸어 본 사람에게는 이런 일이 새삼스럽지도 않고 이상하게 보이지도 않는다. 이름난 성인들과 옛 예언자들에게도 그 같은 변화가 있었다.

— 제2권 제9장

Date / / /

- 내 마음에 닿은 문장

- 《준주성범》 깊이 읽기

· 하느님의 위로가 끊어지더라도 실망하지 말고 어떻게 행동해야 합니까?

· 주님께 영적으로 위로를 받았던 적이 있습니까? 다른 사람들에게 이를 과시했다거나, 더 많은 은총을 주시길 바라지는 않았는지 묵상해 봅시다.

- 나의 묵상

하느님의 은총에 대한 감사

*

4 너는 항상 제일 낮은 곳에 머물러라. 그러면 너에게는 제일 높은 곳이 주어질 것이다. 지극히 높은 것은 지극히 낮은 것이 없이는 있을 수 없다. 하느님께서 보시기에 지극히 높은 성인들은 자기 자신을 가장 작은 이로 여긴다. 이처럼 그들이 자신을 낮추고 겸손하면 할수록 그만큼 영광스럽게 된다. 그들은 헛된 영광을 탐하지 않기 때문에 진리와 천상의 영광으로 가득하다. 그들은 하느님 안에 기초를 두고 그 안에서 힘을 키운 사람들이기에 결코 교만해질 수 없다. 무엇이든지 좋은 것을 다 하느님께로 돌리는 이들은 서로 영광을 찾지 않고, 하느님에게서 오는 영광만을 구한다. 그들은 모든 성인들 가운데에서도 그리고 자신들 가운데에서도 오로지 하느님만이 모든 것 위에 찬미받으시기를 간절히 바라며, 그것만이 그들의 변함없는 목적이다.

— 제2권 제10장

Date / / /

- 내 마음에 닿은 문장

- 《준주성범》 깊이 읽기

· 성인들이 결코 교만해질 수 없는 이유는 무엇입니까?

· 일상에서나 신앙생활에서 나 자신을 낮추고 겸손하게 살고자 합니까? 내가 교만에 빠지는 순간은 언제인지 묵상해 봅시다.

- 나의 묵상

예수님의 십자가에 대한 사랑

✱

1 예수님의 천국을 사랑하는 사람은 많으나, 그분의 십자가를 짊어진 사람은 적다. 그분의 위안을 구하는 사람은 많으나, 그분의 시련을 살피는 사람은 적다. 그분과 잔칫상을 나누려는 사람은 많으나, 그분의 재에 참여하는 사람은 적다. 누구나 다 예수님과 함께 행복하기를 바라지만, 그분을 위하여 어떠한 고통이라도 겪겠다는 사람은 적다. 많은 사람들이 빵을 쪼갤 때까지는 예수님을 따르지만, 예수님의 수난의 잔을 마시는 데까지 가는 사람은 적다. 그분의 기적을 숭배하는 사람은 많지만, 그분의 십자가의 고난에 가까이 가려는 사람은 적다. 많은 사람들이 예수님을 사랑하지만, 곤란을 당하지 않는 때만 사랑한다. 많은 사람들이 그분을 기리고 그분께 기도하지만, 자기가 위로를 받을 때만 그렇게 한다. 예수님께서 당신을 숨기시고 잠깐 그들을 떠나실 것 같으면, 금세 원망하기도 하고, 낙담하기도 한다.

2 예수님을 사랑하면서 그 사랑이 어떠한 위로를 받기 위한 목적이 아닌 오직 예수님 때문에 예수님을 사랑하는 사람은, 어떠한 어려움과 번민이 있다 하더라도 위안을 누릴 때와 다름없이 예수님을 찬미한다. 이런 사람들은 예수님께서 단 한 번도 위안을 주시지 않았더라도 항상 예수님을 찬미하고 항상 감사한다.

– 제2권 제11장

Date / / /

- 내 마음에 닿은 문장

- 《준주성범》 깊이 읽기

· 예수님 때문에 예수님을 사랑하는 사람은 어떤 이들입니까?

· 예수님의 십자가를 짊어지고, 그분의 고통을 함께 나눌 용기가 내게 있는지 묵상해 봅시다.

- 나의 묵상

왕도인 거룩한 십자가 (1)

1 많은 사람들은 "누구든지 내 뒤를 따라오려면 자신을 버리고 제 십자가를 지고 나를 따라야 한다."(마태 16,24)라는 이 말씀을 모진 말씀이라 생각한다. 그러나 "저주받은 자들아, 나에게서 떠나 악마와 그 부하들을 위하여 준비된 영원한 불 속으로 들어가라."(마태 25,41)라는 이 마지막 말씀이 듣기에 한층 더 모진 것이 될 것이다. 지금 십자가의 말씀을 잘 듣고 기꺼이 따르는 사람은 마지막 심판의 날에 영원한 저주의 말씀을 들을 것이라 두려워할 필요가 없다. 주님께서 심판하러 오실 때는 이 십자가의 표가 하늘에 나타날 것이기 때문이다. 그때에 십자가에 못 박혀 돌아가신 그리스도와 생활을 일치시켜 왔던 십자가의 모든 종들은 심판자이신 그리스도께 더 큰 믿음으로 가까이 나아갈 것이다.

3 십자가 안에 모든 것이 있고, 십자가 위에서의 너의 죽음에 모든 것이 달려 있음을 보아라. 거룩한 십자가의 길과, 또 날마다 극기하는 길 외에는 생명으로 인도하고, 참다운 마음의 평화로 인도하는 다른 길이 없다. 네 뜻대로 어디든지 가 보고, 네가 원하는 대로 무엇이든지 찾아 보아도, 거룩한 십자가의 길보다 더 고상한 길을 만나지 못할 것이요, 더 안선한 길을 얻지 못할 것이다. 네 뜻과 생각대로 모든 것을 계획하고 마련해 보아도, 좋든지 싫든지 항상 고통을 당할 수밖에 없다. 또 항상 십자가를 만나게 될 것이다. 어떤 경우라도 네 육신이 괴롭든지 혹은 영혼이 번민을 느끼든지 할 것이다.

– 제2권 제12장

Date / / /

• 내 마음에 닿은 문장

• 《준주성범》 깊이 읽기

· 주님께서 심판하러 오실 때에는 무슨 일이 일어납니까?

· 나를 고통스럽게 하는 삶의 십자가가 있습니까? 평소에 이 십자가를 어떻게 받아들이고 있는지 묵상해 봅시다.

• 나의 묵상

왕도인 거룩한 십자가 (2)

✱

4 너는 하느님께 버림을 받을 때도 있고 다른 사람 때문에 괴로움을 당할 때도 있을 것이다. 그보다 더 어려운 것은 너 자신이 너에게 괴로움이 되는 경우일 것이다. 그렇지만 이 같은 괴로움을 피할 수 있거나, 덜어 낼 수 있는 묘약이나 위로는 없다. 하느님께서 원하시는 그때까지 참을 수밖에 없다. 하느님은 네가 위로 없이도 고통을 극복하는 법을 배우기를 바라시고, 너 자신을 오직 당신께 맡기기를 바라시며, 고통을 통해 더욱 겸손해지도록 힘쓰기를 원하신다. 그리스도와 함께 고난을 체험한 사람이 아니라면 진정으로 그리스도의 고난을 깨달을 수 없다. 십자가는 항상 준비되어 있으며 사방에서 너를 기다리고 있다. 십자가는 항상 너와 같이 가고, 너 역시 늘 십자가를 만나게 될 것이다. 따라서 네가 어디로 달아나든지 십자가를 피할 수 없다. 위로 올려다보고 아래로 내려다보라. 밖으로 나가 보고 안으로 들어와 보라. 그 모든 곳에서 십자가를 만날 것이다. 그러니 내적 평화를 누릴 마음이 있고 영원한 월계관을 얻을 마음이 있다면, 어느 곳에 가든지 인내할 필요가 있다.

— 제2권 제12장

Date / / /

- 내 마음에 닿은 문장

- 《준주성범》 깊이 읽기

· 진정으로 그리스도의 고난을 깨달은 이는 어떤 사람입니까?

· 하느님께서 내 기도를 들어 주시지 않는다고 느낀 적이 있습니까? 그 순간의 괴로움이나 고통을 없애 주시길 바란 적은 없는지 묵상해 봅시다.

- 나의 묵상

왕도인 거룩한 십자가 (3)

✱

7 그리스도의 온 일생은 십자가요 순교였거늘, 어찌하여 너는 안락함을 원하고 즐거움을 찾느냐? 고통받는 것 외에 다른 무엇을 이 세상에서 찾는다면 그것은 잘못 가운데 가장 큰 잘못일 것이다. 현세의 생활이란 괴로움으로 가득하고 주위는 십자가로 둘러싸여 있기 때문이다. 또한 사람이 영적으로 높이 오를수록 그만큼 자주 무거운 십자가를 만나게 된다. 유배의 고역은 사랑으로 인하여 더욱 커지게 되기 때문이다.

9 십자가를 지고 십자가를 사랑하며 육신의 괴로움을 즐겨 이기는 것은 사람의 힘으로 되는 것이 아니며, 영예를 피하고 모욕을 즐겨 받는 것도 사람의 힘으로 되는 것이 아니다. 자기를 비천하게 여기고 남에게 업신여김 받기를 원하는 것도 사람의 힘으로 되는 일이 아니며, 역경이나 손해를 잘 참으며 이 세상의 어떤 행복도 원치 않는 것도 사람의 힘으로 되는 것이 아니다. 네가 너 자신을 살펴보면 이 같은 일 가운데 하나라도 네 힘으로 할 수 있는 것이 없다는 것을 알 것이다. 그러나 하느님께 간절히 구하면 하늘로부터 그런 용기가 내릴 것이며 세상과 육신이 네 앞에 무릎을 꿇을 것이다. 그리고 신앙의 무기로 무장하고 그리스도 십자가의 기旗만 들었다면 원수인 마귀도 두려울 것이 없을 것이다.

– 제2권 제12장

37

Date / / /

- 내 마음에 닿은 문장

- 《준주성범》 깊이 읽기

· 사람이 영적으로 높이 오르면 무엇을 만나게 됩니까?

· 세속적 즐거움 때문에 미사에 빠지거나 기도를 소홀히 한 적은 없는지 묵상해 봅시다.

- 나의 묵상

왕도인 거룩한 십자가 (4)

13 네가 예수님의 이름을 위하여 고통을 겪는다면, 이는 네게 얼마나 큰 영광이 되고, 하느님의 성인들에게는 얼마나 큰 즐거움이 되겠으며, 다른 이에게는 얼마나 위대한 모범이 되겠는가! 인내하는 이를 칭송하는 사람은 많으나, 인내를 실천하려는 사람은 적다. 많은 이들이 세속적인 목적을 이루기 위해서도 고생하는데, 네가 그리스도를 위하여 그만한 고생쯤은 기꺼이 못하겠는가!

15 고통을 겪는 것보다 사람의 구원에 더 도움이 되는 것이 실제로 있었다면, 그리스도께서 반드시 가르쳐 주시고 표양으로 보여 주셨을 것이다. 그러나 그리스도께서는 당신을 따르는 제자들과 당신을 따르고자 하는 모든 사람에게 십자가를 지라고 분명하게 권유하셨다. 그리스도께서는 "누구든지 내 뒤를 따라오려면 자신을 버리고 제 십자가를 지고 나를 따라야 한다."(마태 16,24)라고 하셨다. 그러니 이제까지 살펴본 바에 따라 다음과 같이 결론을 내릴 수 있을 것이다. '우리가 하느님의 나라에 들어가려면 많은 환난을 겪어야 한다.'(사도 14,22 참조)

– 제2권 제12장

Date / / /

- 내 마음에 닿은 문장

- 《준주성범》 깊이 읽기

· 예수님의 이름을 위하여 고통을 겪으면 어떻게 됩니까?

· 본문에 나오는 것처럼 인내를 칭송하는 이는 많으나, 이를 따르고자 하는 이는 왜 적은지 묵상해 봅시다.

- 나의 묵상

충실한 영혼에게 이르시는 그리스도의 내적 말씀

1 "하느님께서 무엇을 말씀하시는지 나는 듣고자 하네."(시편 85,9) 주님께서 말씀하시는 바를 자기 내면에 받아들이고 주님의 입으로부터 위로의 말씀을 받는 영혼은 행복하다. 하느님 말씀의 비결을 알아 이 세상이 소곤거리는 소리에 기울이지 않는 귀는 행복하다. 밖에서 들리는 소리에 상관치 않고 안에서 가르쳐 주는 진리에 주의를 집중하여 듣는 귀는 행복하다. 밖에 있는 물건에는 시선을 두지 않고 안의 사정만을 살펴보는 눈은 행복하다. 내적 사정을 꿰뚫어 보고, 매일 수업修業으로 천상의 신비를 알려 힘쓰는 이는 행복하다. 모든 시간을 하느님께 바치려 하면서, 세상의 모든 장애물들을 없애려는 이는 행복하다.

2 이런 것들을 명심하라, 내 영혼아. 네 안에서 하느님께서 말씀하시는 것을 들을 수 있으려면, 너는 이 세상을 멀리하고 네 육정의 문을 잠가라. 네가 사랑하는 분이 말씀하신다. "'나는 너의 구원이다.'(시편 35,4) 나는 네 평화요, 나는 네 생명이다. 내게 너를 온전히 맡겨라. 그러면 평화를 얻으리라. 잠시 지나가는 모든 것을 다 버리고 영원한 것을 구하라. 현세의 모든 것은 유혹이 아니고 무엇이겠는가? 창조주에게서 버림을 받는다면 모든 피조물이 네게 무슨 소용이 있겠는가? 그러므로 세상만사를 제쳐 놓고 너의 창조주를 충실히 섬겨 그의 뜻에 맞춰라. 그러면 참된 행복을 얻으리라."

– 제3권 1장

Date / / /

- 내 마음에 닿은 문장

- 《준주성범》 깊이 읽기

· 참된 행복을 얻으려면 어떻게 해야 합니까?

· 기도나 묵상 중에 하느님의 말씀을 듣기보다는 내 소망과 지향을 청하기만 하지는 않았는지 묵상해 봅시다.

- 나의 묵상

소리 없이 내적으로 말씀하시는 진리

*

1 **제자의 말** '주님, 말씀하십시오. 당신 종이 듣고 있습니다.'(1사무 3,10 참조) "저는 당신의 종, 저를 깨우치소서. 당신의 법을 깨달으리이다."(시편 119,125) 주님의 말씀에 제 마음 기울여 주시고 주님의 말씀을 이슬과 같이 제게 내리소서. 이스라엘 자손들은 모세에게 말하기를 "우리에게는 당신이 말해 주십시오. 우리가 듣겠습니다. 하느님께서 직접 우리에게 말씀하시지 않도록 해 주십시오. 그랬다가는 우리가 죽습니다."(탈출 20,19)라고 했습니다. 그러나 주님, 저는 그렇게 하지 않겠습니다. 그렇게 기도하지 않겠습니다. 저는 도리어 사무엘 예언자처럼 겸손과 열정을 다하여 "주님, 말씀하십시오. 당신 종이 듣고 있습니다."(1사무 3,10 참조) 하고 말하겠습니다. 주 하느님, 모든 예언자를 비추시고 이끌어 주신 분이시여, 제게는 모세도 아닌 어느 예언자도 아닌 주님께서 친히 말씀해 주십시오. 주님께서는 그들이 없더라도 저를 완전하게 가르쳐 주실 수 있기 때문입니다. 그렇지만 그들은 주님 없이는 아무것도 할 수 없습니다.

– 제3권 제2장

Date / / /

- 내 마음에 닿은 문장

- 《준주성범》 깊이 읽기

· 제자는 왜 모세나 예언자가 아닌 주님께서 친히 말씀해 달라고 말합니까?

· 주님께 기도를 드릴 때 사무엘 예언자처럼 겸손과 열정을 다하고 있는지, 아니면 눈에 보이는 기적을 바라고 있지는 않은지 묵상해 봅시다.

- 나의 묵상

하느님의 말씀은 겸손을 다하여 들어야 함 (1)

✱

1 주님의 말씀 아들(딸)아, 내 말을 들어라. 내 말은 모든 철학자와 이 세상의 모든 지혜로운 자들의 학문을 초월하는 가장 자애로운 말이다. “내가 너희에게 한 말은 영이며 생명이다.”(요한 6,63) 그러므로 내 말은 사람의 이해력으로 평가할 수 없는 것이다. 내 말은 무슨 헛된 만족을 위하여 들어서는 안 되며, 침묵 속에서, 겸손과 애정을 다하여 받아들여야 한다.

5 너는 마음에 나의 말을 새겨 두고 항상 연구하여라. 시험을 당하는 때가 오면 나의 말이 필요할 것이다. 읽어도 알아듣지 못하는 것이 있다면 내가 너를 찾았을 때에 깨닫게 될 것이다. 나는 내가 선택한 사람들을 두 가지 방법으로 찾아가는데, 그것은 시련과 위로다. 또 날마다 그들에게 두 가지에 대한 가르침을 주는데, 하나는 그들의 악한 습관을 책망하는 가르침이요, 다른 하나는 덕행을 더하기 위한 권유의 가르침이다. 내 말을 듣고도 그 말을 가볍게 여기는 사람에게는 마지막 날에 이를 심판할 이가 있을 것이다.

– 제3권 제3장

Date / / /

- 내 마음에 닿은 문장

- 《준주성범》 깊이 읽기

· 주님께서 자신이 선택한 이들을 찾아가는 두 가지 방법은 무엇입니까?

· 미사나 묵상 중에 들려오는 주님의 말씀을 흘려듣고 있지는 않은지 묵상해 봅시다.

- 나의 묵상

하느님의 말씀은 겸손을 다하여 들어야 함 (2)

✱

6 **제자의 말**(신심을 구하는 기도) 저의 주 하느님, 주님은 저의 모든 행복이십니다. 제가 누구인데 감히 주님 대전에 말씀을 드리겠습니까? 저는 매우 가난하고 변변치 못한 종이오며 천한 벌레입니다. 저는 제가 알고 말하는 것보다 더 불쌍하고 천한 자입니다. 그러나 주님, 제가 아무것도 아니고, 아무것도 가지지 않았으며, 아무것도 할 수 없다는 것을 생각해 주소서. 주님 홀로 선하시고, 의로우시고, 거룩하십니다. 주님께서는 무엇이든지 하실 수 있고, 무엇이든지 주실 수 있으며, 모든 것을 채워 주시고, 오직 죄인만 빈손으로 내버려 두십니다. 당신께서는 친히 만드신 것이 헛되고 쓸데없는 것이 되기를 원치 않으시니, '당신의 자비를 기억하시고'(시편 25,6 참조) 은총을 내려 저의 마음을 채우소서.

7 당신께서 덕과 은총으로 저를 강하게 해 주시지 않는다면 이 비참한 생활에서 제가 어찌 나아갈 수 있겠습니까? 당신의 얼굴을 제게서 돌리지 마시고, 저를 찾아 주시는 때를 너무 오래 미루지 말아 주시고, 아무런 위로도 없이 저를 버려두지 마소서. "저의 영혼, 메마른 땅처럼"(시편 143,6) 될까 두렵습니다. 주님, '당신 뜻 따르도록 저를 가르치시고'(시편 143,10 참조), 당신 대전에 타당하게 그리고 겸손하게 사는 법을 가르쳐 주소서. 저의 지혜는 곧 주님이십니다. 주님께서는 저를 올바로 아시고, 세상이 있기 전에도 저를 아셨으며, 제가 나기 전에도 저를 아셨기 때문입니다.

— 제3권 제3장

Date / / /

- 내 마음에 닿은 문장

- 《준주성범》 깊이 읽기

· 주님께서 우리를 어떻게 해 주실 때 비참한 생활에서 나아갈 수 있습니까?

· 주님 앞에 겸손되이 나 자신을 내어 드리기 위해서는 어떠한 태도를 지녀야 할지 묵상해 봅시다.

- 나의 묵상

진실하고 겸손하게 하느님 대전에서 생활함

✱

5 너는 하느님의 심판을 두려워하고, 전능하신 분의 분노를 무서워하라. 지존하신 분의 일을 입에 올리려 하지 말고, 오히려 네 죄악을 두루 살펴 얼마나 크게 죄를 짓고, 해야 할 선행을 얼마나 소홀히 여겼는지 헤아려 보도록 하라. 어떤 사람은 책을 가지고 있는 것이 신심이 있는 줄로 생각하고, 어떤 사람은 무슨 상본이나 성물 혹은 그림 같은 것을 지니고 있는 것이 신심이 있는 줄로 안다. 어떤 사람은 입으로는 나를 모신다 하지만 정작 그 마음에는 나에 대한 생각이 별로 없다. 그러나 어떤 사람은 그 지력에 빛을 받아 정서가 정화되어 항상 영원한 곳을 지향하며, 세속의 것을 거북하게 여기고 필요한 것만 겨우 챙기는 정도에 그친다. 이런 사람은 진리의 성령께서 말씀하시는 것을 잘 깨닫는다. 성령께서는 세상의 것은 천히 보고 천상의 것을 사랑하라 가르치시고, 세상은 소홀히 보고 하느님 나라를 밤낮으로 사모하라 가르치신다.

– 제3권 제4장

43

Date / / /

- 내 마음에 닿은 문장

- 《준주성범》 깊이 읽기

· 성령께서는 어떤 것을 사랑하고 사모하라고 가르치십니까?

· 묵주 팔찌나 묵주 반지 같은 성물을 부적이나 액세서리처럼 생각하지는 않았는지 묵상해 봅시다.

- 나의 묵상

천상적 사랑의 놀라운 효과

7 **주님의 말씀** 사랑은 신속하고 참되며, 경건하고 쾌활하며, 온화하고 용감하며, 인내심이 있고, 성실하고 지혜로우며, 너그럽고 오랫동안 고통을 겪어도 꿋꿋하다. 사랑은 자기 자신을 찾지 않는다. 무슨 일에서든지 자기 자신을 찾게 되는 사람은 사랑에서 멀어지기 때문이다. 사랑은 모든 것을 두루 살피고, 겸손하며 정직하다. 사랑은 가볍지도 연약하지도 않으며, 헛된 것을 꾀하지도 않는다. 사랑은 순박하고 정결하며, 굳건하고 고요하다. 사랑은 모든 오관으로부터 보호를 받는다. 사랑은 웃어른에게 순종하고 웃어른을 따른다. 하찮고 보잘것없어 보이는 것에도 하느님께 헌신하고 감사한다. 슬픔 없이 사랑 속에서만 살 수는 없음을 알기에, 하느님을 맛볼 수 없을 때라도 사랑은 하느님만을 희망하고 하느님만을 신뢰한다.

8 모든 것을 참을 준비가 되어 있지 않고, 사랑해야 할 분의 뜻을 따를 준비가 되어 있지 않는 사람에게는 '사랑을 하는 사람'이라는 이름이 마땅치 않다. '사랑을 하는 사람'은 자기가 사랑하는 분을 위해서라면 험하고 어려운 일도 기꺼이 껴안아야만 하고, 어떠한 역경을 당하더라도 그분을 떠나서는 안 된다.

– 제3권 제5장

Date / / /

- 내 마음에 닿은 문장

- 《준주성범》 깊이 읽기

· '사랑을 하는 사람'은 어떤 사람입니까?

· 내가 생각하는 사랑의 정의는 무엇입니까? 그 사랑의 정의에 따라 살아가고 있는지 묵상해 봅시다.

- 나의 묵상

사랑을 하는 사람을 시험함

2 지혜로운 사랑을 하는 사람은 사랑하는 이가 준 은혜를 헤아리지 않고 그가 준 사랑을 헤아린다. 겉으로 드러나는 것보다 그 속의 정을 헤아리며, 사랑하는 이가 준 은혜보다 사랑하는 이를 높게 여긴다. 고상한 사랑을 하는 사람은 은혜에 만족하지 않고, 모든 은혜 위에 있는 나에게 만족한다. 그러므로 너는 나에 대한 헌신이나 성인들에 대한 네 마음이 네가 바라는 대로 이루어지지 않는다고 해서 모든 것을 다 잃었다고 생각하지 마라. 네가 체험한 그 선하고도 즐거운 느낌은 은총이 현존하는 결과며, 천국의 즐거움을 미리 맛본 것이다. 그러나 그러한 느낌은 오다가도 또 가는 것이니 그것에 너무 마음을 두지 마라. 정작 마음에서 일어나는 악한 생각을 몰아내고 악마의 유혹을 경멸하여 물리치는 것이 덕행을 쌓고 큰 공로를 세우는 표징이 된다.

– 제3권 제6장

45

Date / / /

- 내 마음에 닿은 문장

- 《준주성범》 깊이 읽기

· 덕행을 쌓고 큰 공로를 세울 수 있는 표징은 무엇입니까?

· 주님을 향한 사랑에 소홀해졌다고 느낀 적이 있습니까? 왜 그분께 대한 신뢰와 사랑을 잃어버렸는지 묵상해 봅시다.

- 나의 묵상

은총을 겸손으로 감춤

2 많은 이가 하는 일이 잘 되지 않으면 금세 견디지 못하거나 게을러진다. 인생 행로는 절대로 사람의 권하權下에 있는 것이 아니다. 오로지 하느님께서만 그 거룩하신 뜻대로 길을 열어 주시고 위로하시니, 그분이 원하시는 때에, 그분이 원하시는 정도로, 그분이 원하시는 사람에게, 당신의 뜻에 맞게 행하실 뿐, 그 이상은 하지 않으신다. 어떤 경솔한 이는 신심이 좀 있다 해서 자기의 능력이 부족하다는 사실을 헤아리지 않은 채 힘에 넘치는 일을 하다가 실패했다. 이는 바른 이성의 판단을 따르지 않고 마음의 욕망을 따랐기에 실패한 것이다. 또 자신의 분수를 모르고 하느님께서 원하시는 것보다 더 하려다가 갑자기 은총을 잃었다. 그런 사람들은 하늘에 자기의 자리를 두었다가 비로소 자신이 힘이 없다는 것과 자신의 지위가 보잘것없다는 것을 깨닫게 된 것이다. 이렇게 하는 것은 자신이 힘이 없고 궁핍하다는 것과 제 날개만을 갖고 날지 못한다는 것을 깨닫게 하기 위해서며, 나에게 안겨서 날아야만 된다는 사실을 알게 하기 위해서다. 아직 주님의 길을 따르는 데 익숙하지 못하고 능하지도 못한데 지혜로운 사람의 의견을 듣지 않는다면, 쉽게 속고 쉽게 상처 입을 것이다.

– 제3권 제7장

Date / / /

- 내 마음에 닿은 문장

- 《준주성범》 깊이 읽기

· 하느님께서는 사람의 인생 행로를 어떻게 주관하십니까?

· 내가 하는 일이 잘 될 때나, 일상을 편안하게 보내고 있을 때는 신앙생활이나 기도 생활에 소홀하지는 않았는지 묵상해 봅시다.

- 나의 묵상

하느님 앞에 자기를 천히 생각함

*

1 **제자의 말** "저는 비록 먼지와 재에 지나지 않는 몸이지만, 주님께 감히 아뢰니다."(창세 18,27) 제가 먼지보다, 재보다 저를 더 크게 헤아리게 되면 주님께서는 즉시 이런 생각의 잘못을 밝혀 주시고, 제 죄악도 이 사실의 참된 증거가 되어 나서리니 저는 반대할 도리가 없습니다. 제가 저 자신을 아무것도 아닌, 하찮은 존재로 보고, 또 저를 위하는 마음이 없고 저를 먼지와 같이 보아야, 비로소 주님께서 저에게 자비를 베푸시어 은총을 내려 주시고, 제 마음에 광명을 주실 것입니다. 그때 저를 위하는 마음이 미소하게나마 남아 있다면 저는 저의 허무한 구렁텅이에 영원토록 묻혀 버릴 것입니다. 그런 처지에 놓이게 되면, 주님께서는 제게 현재 저의 처지가 어떠하며, 전에는 어떠하였으며, 어떤 이유로 지금 이렇게 되었다는 것을 가르쳐 주실 것이니, 제가 아무것도 아니면서도 그런 처지인 줄을 몰랐던 탓이옵니다. 주님께서 저를 버려두신다면 저는 아무것도 아니며, 힘이 아주 없어지고 말 것이나, 주님께서 저를 돌보시면 즉시 용기를 얻고 새로운 즐거움을 느낄 것입니다. 제 자신의 무게로 말미암아 끊임없이 아래로 내려갈 수밖에 없는데도, 이렇게 갑자기 올라가게 되고 주님께서 자애롭게 저를 품어 주시는 것은 경이로운 일입니다.

– 제3권 제8장

Date / / /

- 내 마음에 닿은 문장

- 《준주성범》 깊이 읽기

· 주님께서는 어떻게 할 때 자비와 은총, 그리고 광명을 주십니까?

· 이토록 나약한 나를 주님께서 사랑하고 계시다고 느낀 순간이 있는지 묵상해 봅시다.

- 나의 묵상

모든 것의 최종 목적인 하느님

✱

2 평범한 사람이든, 위대한 사람이든, 가난한 이든 부자든 똑같이 신선한 샘에서 물을 마시듯이 모든 사람이 내게서 생명의 물을 마신다. 나를 자유롭게, 그리고 기꺼이 섬기는 사람은 모든 은총 가운데 가장 좋은 은총을 받을 것이다. 나를 떠나 다른 곳에서 영광을 취하려는 사람은, 그리고 어떤 사사로운 이익을 통해 즐거움을 누리려는 사람은 영원히 참된 즐거움을 얻지 못할 것이고, 그 마음에 결코 즐거움이 채워지지 못할 것이며, 많은 장애물을 만나고 온갖 역경을 당할 것이다. 그러므로 너는 무엇이든지 좋은 것을 너에게 돌리지 말고, 또 어떤 덕이든 사람에게 돌리지도 말고, 모든 것을 하느님께 돌려라. 하느님 없이는 사람은 아무것도 가질 수 없기 때문이다. 내가 모든 것을 다 주었으니 모든 것을 다시 가져가더라도, 너는 반드시 내게 감사해야만 한다.

3 이는 헛된 영광을 물리치는 진리다. 천상의 은총과 참다운 사랑이 있는 곳에는 어떤 시기도 편협함도 없을 것이며, 사사로운 애정이 그 마음을 사로잡지도 않을 것이다. 하느님의 사랑은 모든 것을 이기고, 영혼의 모든 힘을 끌어 모은다. 네가 진정으로 올바르게 생각한다면, 나 말고 다른 곳에서 즐거움을 찾지 않을 것이며, 나 말고 다른 곳에서 희망을 찾지도 않을 것이다. '하느님 외에는 아무도 선하지 않기'(루카 18,19 참조) 때문이다. 그분 홀로 모든 것 위에 찬미받으실 분이시며, 그분 홀로 모든 일에서 존경받으실 분이시다.

— 제3권 제9장

Date / / /

- 내 마음에 닿은 문장

- 《준주성범》 깊이 읽기

· 사사로운 이익에서 즐거움을 누리고자 하는 사람은 어떻게 됩니까?

· 요새 나의 즐거움은 무엇입니까? 이것이 하느님을 향한 사랑과 맞닿아 있는지, 세속적 즐거움을 만족시키는 데에 머물러 있는지 묵상해 봅시다.

- 나의 묵상

세속을 떠나 하느님을 섬기는 기쁨

3 제게 있는 모든 것이나 또 당신을 섬기는 데 쓰이는 모든 것이 다 당신의 것이 아닙니까? 그러나 이것이 뒤바뀌어서, 제가 당신을 섬기는 것보다 당신이 저를 더 섬기십니다. 사람을 도우시기 위하여 당신께서 만드신 하늘과 땅은 당신 면전에서 당신께서 명령하시는 그 모든 것을 매일 이행하고 있습니다. 그러나 이것보다 더 큰 은혜를 베푸셨으니, 그것은 천사들에게까지 명령하시어 사람을 시중들게 하신 것입니다. 이보다 더 기막힌 것은 당신께서 사람을 섬기시고, 당신 자신이 사람에게 주실 약속이 되신 것입니다.

4 헤아릴 수 없는 이 모든 은혜를 무엇으로 갚을 수 있겠습니까? 어떻게 하면 제가 일생에 걸쳐 매일같이 당신을 섬길 수 있겠습니까? 어떻게 하면 하루라도 온전하게 당신을 섬길 수 있겠습니까? 누구나 다 당신을 섬겨야 옳고, 당신을 찬미해야 옳으며, 당신을 영원히 공경해야 옳습니다. 당신은 참으로 저의 주님이시요, 저는 당신의 불쌍한 종이오니, 저의 모든 힘을 다하여 당신을 섬겨야 하고, 당신을 찬미하는 일에 단 한 번이라도 게을러서는 안 될 것입니다. 제가 바로 그것을 원하고, 그렇게 되기를 사모하오니, 저의 부족한 모든 것은 당신께서 채워 주소서.

— 제3권 제10장

Date / / /

- 내 마음에 닿은 문장

- 《준주성범》 깊이 읽기

· 하느님께서 베푸신 더 큰 은혜는 무엇입니까?

· 내가 주님을 온전히 섬기기 위해 드릴 수 있는 것에는 무엇이 있는지 묵상해 봅시다.

- 나의 묵상

마음의 원의를 조절함

✠

3 **주님의 말씀** 네가 원하는 것은 무엇이든지 오직 나의 원의를 따르는 것이어야 한다. 자신을 사랑하는 사람이 되지 말고, 나의 원의를 채우는 데 힘써라. 네게 있는 어떤 바람이 너를 강력하게 이끌 때가 있을 것이니, 그때에는 그 바람이 나의 영광을 위하여 일어난 것인지, 혹 너의 편의를 위하여 일어난 것은 아닌지 자세히 살펴보아라. 그 원의가 나에 관한 것이면 내가 어떻게 섭리하든지 네가 만족할 것이며, 만일 네 편의를 위한 것이라면 오히려 방해와 괴로움이 될 것이다.

4 그러므로 네가 무슨 원의를 품었더라도, 내게 먼저 묻기 전에는 거기에 너무 마음을 두지 마라. 처음에 이보다 더 좋은 것이 없다고 생각할 정도로 그것을 좋아하다가 후에 그것이 네 뜻에 맞지 않아 후회하게 될까 봐 두렵다. 어떤 것이 네 뜻에 맞는다고 반드시 좋은 것이라 할 수 없으며, 뜻에 맞지 않는다고 바로 피할 것도 아니다. 좋은 일을 연구하는 데 있어서나, 좋은 원의에 있어서나, 적절한 때 적절하게 제재하는 것이 좋다. 혹시 정신이 나태하여 분심이 생길까, 분수를 모르고 하다가 남에게 악한 표양이 될까, 다른 사람이 반대하여 네가 갑자기 혼란스러워지고 넘어질까 하는 염려가 있기 때문이다.

– 제3권 제11장

Date / / /

- 내 마음에 닿은 문장

- 《준주성범》 깊이 읽기

· 좋은 일을 연구하거나, 원의를 가질 때 적절히 제재하는 것이 왜 좋습니까?

· 어떤 일을 새로 시작할 때나, 중요한 결정을 내리기 전에 하느님께 기도 드리며 그분의 뜻을 먼저 듣고자 했는지 묵상해 봅시다.

- 나의 묵상

사욕과 싸우며 인내심을 키움

*

4 오! 모든 쾌락은 얼마나 짧고 헛되며, 얼마나 부질없고 수치스러운가! 그런데도 그 쾌락에 취하고 눈이 멀어 그런 줄을 깨닫지 못하고, 마치 이성이 없는 짐승처럼, 썩어 없어질 현실의 하찮은 쾌락을 얻으려 한다면 영혼의 죽음을 당하게 될 것이다. 아들(딸)아, 그러니 '네 욕망을 따르지 말고 욕심을 절제하여라.'(집회 18,30 참조) '주님 안에서 즐거워하여라. 그분께서 네 마음이 청하는 바를 주시리라.'(시편 37,4 참조)

5 네가 참된 즐거움을 누리고 나의 위로를 풍족히 얻으려거든, 세상의 모든 것을 버리고 저급한 모든 쾌락을 없애 버려라. 그러면 축복이 내릴 것이며 큰 위로를 받을 것이다. 그리고 네가 피조물이 주는 위로를 멀리하면 할수록 네 마음에 드는 힘과 위로를 내 안에서 얻을 것이다. 그러나 그 수준에 이르려면 처음에는 반드시 어떤 형태로든 근심을 하게 될 것이며 싸워야 하는 수고도 있을 것이다. 이미 깊게 뿌리내린 습관 때문에 힘이 들겠지만 이는 더 좋은 습관을 기름으로써 극복할 수 있다. 비록 육체는 이를 싫어하겠지만 영적 노력으로 육정을 제어할 수 있다. 마귀가 너를 충동하여 괴롭히겠지만 기도함으로써 마귀를 물리치고, 부지런히 유익한 일을 함으로써 마귀의 공격을 막아야 할 것이다.

— 제3권 제12장

Date / / /

- 내 마음에 닿은 문장

- 《준주성범》 깊이 읽기

· 주님께 참된 즐거움과 풍족한 위로를 얻으려면 어떻게 해야 합니까?

· 내 안에 깊이 뿌리내린 좋지 않은 습관이 있습니까? 이런 습관을 고치려고 노력했을 때 오히려 더 큰 유혹에 빠진 적은 없는지 묵상해 봅시다.

- 나의 묵상

예수 그리스도의 모범을 따라 겸손하게 순명함

✠

1 **주님의 말씀** 아들(딸)아, 순명을 피하는 것은 은총을 피하는 것이다. 또 사사로운 것을 가지려는 사람은 공동의 선을 잃어버린다. 제 으뜸인 머리에 순명하지 않는다는 것은 그의 육체가 정신에 완전히 순종하지 않는다는 증거며, 빈번하게 반항하고 거스르고 있다는 징표다. 그러니 네가 육체를 굴복시킬 마음이 있거든 부지런히 네 으뜸인 머리에 순명하는 법을 배워라. 네 안에서 타락하지 않는다면 바깥의 원수쯤은 손쉽게 이길 수 있다. 영적으로 대화할 줄 모르는 너 자신이야말로 네 영혼에게는 어떤 원수보다도 더 몹쓸 원수며 성가신 원수다. 살과 피를 거슬러 싸워 이길 마음이 있으면 반드시 자신부터 하찮게 볼 수 있어야 한다.

3 너를 거슬러 이기려고 애쓰고, 조금이라도 교만한 마음이 네 안에 남아 있지 않도록 하여라. 그리고 모든 사람이 너를 밟고 지나가는, 길거리에 무수히 밟히는 흙처럼 너를 낮추고 작게 보아라. 아무짝에도 쓸모없는 사람아, 무엇 때문에 불평하느냐? 더러운 죄인아, 너를 책망하는 이들에게 무엇 때문에 저항하느냐? 그렇게 함으로써 너는 하느님께 죄를 범하고 지옥의 벌을 받을 처지가 되었구나! 그러나 네 영혼을 어여삐 보아 나의 눈이 너를 용서해 주었으니, 이는 네가 나의 사랑을 알고 항상 나의 은혜를 아는 사람이 되도록 하기 위함이며, 네가 진정으로 스스로를 굴복시키고 항상 참다운 겸손을 좇도록 하기 위함이고, 스스로를 하찮은 사람으로 여기도록 하기 위함이다.

– 제3권 제13장

Date / / /

- 내 마음에 닿은 문장

- 《준주성범》 깊이 읽기

· 나 자신을 무엇처럼 여기며 낮추고 작게 보아야 합니까?

· 평소에 고해성사를 얼마나 자주 보고 있습니까? 고해성사를 볼 때 어떤 마음가짐으로 임하고 있는지 묵상해 봅시다.

- 나의 묵상

선행에 교만하지 않도록 하느님의 심판을 살핌

1 **제자의 말** 당신 판결의 언도가 우뢰와 같이 내리시니, 무섭고 두려워 제 모든 뼈가 울리고 제 영혼이 몹시 놀랍니다. 주님 대전에서는 하늘도 깨끗하지 못함을 생각하며, 놀라 서 있습니다. 당신께서는 천사 가운데서도 죄악을 찾아내어 용서 없이 벌하셨거늘 저는 어떻게 되겠습니까? 하늘의 별도 떨어졌거늘 먼지 같은 제가 주제넘게 무엇을 생각할 수 있겠습니까? 훌륭한 일을 하는 것처럼 보이던 자들이 깊은 구렁으로 떨어졌고, 천사의 빵을 먹던 자들이 돼지나 먹는 깍지를 기꺼이 먹는 것을 보았습니다.

2 그러하오니 주님, 당신께서 도우시는 손을 거두신다면 성덕이라 부를 만한 것은 하나도 없을 것입니다. 당신께서 다스리기를 멈추신다면 지혜라 부를 만한 것 역시 하나도 없을 것입니다. 당신께서 보호해 주지 않으시면 어떤 용기도 남아 있지 않을 것입니다. 당신의 보호가 없으면 아무런 위험 없이 정덕을 닦아 나갈 수도 없을 것입니다. 당신께서 거룩히 보살펴 주지 않으시면 저희가 아무리 애써 지킨다 해도 그 모든 것은 무익할 뿐입니다. 당신께서 저희를 버리시면 저희는 늪에 빠져 망할 것이며, 당신께서 저희를 찾아 주시면 저희는 일어나 살 것입니다. 저희 스스로의 힘으로는 항구히 서 있지 못하지만 당신의 힘을 빌리면 견고해지고, 저희는 게으르지만 당신께서 도우시면 열렬해집니다.

— 제3권 제14장

53

Date / / /

- 내 마음에 닿은 문장

- 《준주성범》 깊이 읽기

· 주님께서 우리를 보호해 주시지 않으면 어떻게 됩니까?

· 내 힘으로는 하지 못할 것 같았던 일을 하느님께 맡기고 해냈을 때, 감사와 찬미의 기도를 바쳤는지 묵상해 봅시다.

- 나의 묵상

좋아하는 모든 일에 취할 태도

*

2 그러므로 무엇이든지 바람직한 뜻이라 여겨지거든 항상 하느님을 두려워하는 열정과, 겸손을 다하는 마음으로 참뜻을 원하고 구해야 한다. 특히 네 뜻을 버리고 모든 것을 내게 맡기며 다음과 같이 말할 수 있어야 한다. "주님, 이 일이 당신께서 좋다고 여기시는 그대로 그리고 당신의 뜻대로 이루어지게 하소서. 당신께서 원하시는 그것을, 뜻에 맞는 그 정도로, 뜻에 맞는 그때에 주소서. 당신께서 가장 잘 아시는 대로, 당신의 뜻에 맞고 당신 영광에 더 도움이 되는 그대로 제가 행하도록 하소서. 당신께서 원하시는 그곳에 저를 데려가시고, 모든 일에 저를 당신 마음대로 하소서. 저는 당신의 손안에 있사오니 저를 돌리시고 이리저리 굴리소서. 저는 당신의 종이오니, 무엇에든지 순명할 준비가 되어 있습니다. 저는 저를 위해 살지 않고 당신만을 위해서 살고자 합니다. 간절히 청하오니, 주님! 마땅히 그리고 온전히 그렇게 되게 하소서."

– 제3권 제15장

Date / / /

- 내 마음에 닿은 문장

- 《준주성범》 깊이 읽기

· 바람직한 뜻이라 여겨지는 일에 어떠한 마음가짐을 지녀야 합니까?

· 어떤 일에서든 하느님께 순명할 준비가 되어 있는지, 오로지 그분 안에서만 참된 행복을 누리고자 하는지 묵상해 봅시다.

- 나의 묵상

하느님께만 구할 참다운 위로

✱

2 창조된 모든 좋은 것을 네가 다 가졌다 할지라도 그것으로 행복하고 복이 많다고 할 수 없으며, 오직 모든 것을 창조하신 하느님 안에서만 네 모든 복이 있고 모든 낙이 있다. 세상을 사랑하는 미련한 이들이 무엇이라 하든, 어떻게 찬미한다고 하든 그것은 참된 행복이 아니다. 그리스도의 착한 신자들이 희망하고, 천상적 생활을 누리고, 마음이 조촐하고 경건한 영혼들이 맛보는 그것이야말로 참된 행복이다. 인간의 위로란 그 무엇이나 다 헛되고 짧은 것이다. 진리에서 비롯된 마음의 위로야말로 참다운 행복이다. 신심 있는 사람은 어디를 가든지 자기를 위로해 주시는 예수님을 모시며 이렇게 말한다. "주 예수님, 때와 장소를 가리지 않고 늘 저와 함께 하소서. 인간이 주는 모든 위로를 기꺼이 사양하는 것이 오히려 제게 위로가 되게 해 주소서. 만일 당신의 위로가 없게 된다면 그때는 그것이 당신의 뜻이며, 또한 당신께서 하시는 시험이라 생각하게 해 주심으로써 제게 더할 나위없는 위로가 되게 해 주소서. '주님께서는 끝까지 따지지 않으시고 끝끝내 화를 품지 않으시기'(시편 103,9) 때문입니다."

– 제3권 제16장

Date / / /

- 내 마음에 닿은 문장

- 《준주성범》 깊이 읽기

· 참된 행복이란 무엇입니까?

· 최근에 가장 기쁘고 행복한 순간은 언제였습니까? 내가 생각하는 참된 행복이란 무엇인지 묵상해 봅시다.

- 나의 묵상

모든 걱정을 하느님께 맡김

2 **제자의 말** 주님, 당신의 말씀대로 과연 그러합니다. 제가 저를 위해서 하는 모든 걱정보다도 저에 대한 당신의 염려가 더 큽니다. 자신에 대한 모든 근심 걱정을 당신께 맡겨 두지 않는 사람은 넘어지기 쉽습니다. 주님, 제 마음이 당신께 굳건히 머물러 있게 한 다음에, 당신의 뜻대로 무엇이든 제게 해 주소서. 당신께서 제게 하시는 것은 무엇이든지 좋지 않을 수가 없을 것입니다. 저를 어둠 속에 버려두시더라도 당신은 찬미를 받으실 분이시요, 저를 밝은 데 두셔도 당신은 찬미를 받으실 분이십니다. 저를 위로해 주실 때에도 찬미를 받으실 분이시요, 저를 괴롭게 하셔도 변함없이 항상 찬미를 받으실 분이십니다.

– 제3권 제17장

Date / / /

- 내 마음에 닿은 문장

- 《준주성범》 깊이 읽기

· 주님께 자신의 모든 근심 걱정을 맡겨 두지 않는 이는 어떻게 됩니까?

· 주님과 나와의 관계는 어떻습니까? 그분께 나의 모든 걸 내어 맡길 수 있을 정도로 가까운지 묵상해 봅시다.

- 나의 묵상

그리스도의 표양을 따라 현세의 곤궁을 즐겨 참음

1 **주님의 말씀** 아들(딸)아, 너를 구하기 위하여 나는 하늘에서 내려와 곤욕을 당하였다. 그러나 억지로 당한 것이 아니라 사랑에 이끌려 받았다. 네게 인내하는 법과, 현세의 곤궁을 원망 없이 참는 법을 가르치기 위하여 나는 참았다. 태어난 순간부터 십자가 위에서 죽을 때까지 괴로움을 참아 견디지 않은 때가 없었다. 현세적 재물이 없었기 때문에 많은 고통을 당하였고, 나를 원망하는 소리도 자주 들었다. 수치와 모욕을 주저하지 않고 받았으며, 은혜를 베풀고도 배은을 당하였다. 기적을 행하고도 욕을 먹었으며, 진리를 가르치고도 책망을 들었다.

– 제3권 제18장

57

Date / / /

- 내 마음에 닿은 문장

- 《준주성범》 깊이 읽기

· 주님께서는 우리에게 무엇을 가르치시기 위하여 곤욕을 참으셨습니까?

· 4복음서에 나온 예수님의 마지막 순간을 찾아 읽어 보고, 그분의 죽음이 인간에게 주는 의미는 무엇인지 묵상해 봅시다.

- 나의 묵상

모욕을 참음과 참된 인내의 증거

✣

2 인내할 마음으로 고통을 당할 준비를 할수록 그만큼 더 지혜롭게 행하는 것이며, 그만큼 더 많은 공로도 얻을 것이다. 고통을 참겠다는 생각이 있고 이것이 습관이 되면 고통을 참는 것이 쉬워진다. 다음과 같이 말하지 마라. "나는 그 사람의 그 점에 대해서만큼은 참을 수 없고, 참을 필요도 없다고 생각한다. 그가 내게 큰 손해를 끼쳤고, 또 내가 생각지 못한 것으로 나를 나무랐기 때문이다. 그러나 다른 사람에게는 기꺼이 참을 수 있고 또 참을 수 있을 만큼 참겠다." 이런 태도는 인내의 덕이 무엇인지 생각하지도 않고, 또 누구에게 상을 받을 것인지 생각지도 않는 미련한 소견이다. 이런 짧은 생각은 단지 자기가 당한 모욕과 그 모욕을 안긴 사람만을 생각하기 때문에 드는 것이다.

3 자기가 원하는 대로, 또 자기 뜻에 맞는 사람한테서만 고통을 받으려 하는 사람은 참다운 인내의 덕이 있는 사람이 아니다. 참다운 인내의 덕을 지닌 사람은 누구한테서 고통을 당하든지, 자기의 장상이든, 동료든, 아랫사람이든, 착한 사람이든, 성인이든, 악한 사람이든, 마음에 들지 않는 사람이든 상관치 않는다. 그는 누구한테든지 또 아무런 이유도 없이 터무니없는 고통을 당하고 여러 번 고생하여도, 그 모든 것을 다 하느님께로부터 오는 유익한 것으로 생각하여 감사하는 마음으로 받는다. 아무리 작은 것일지라도 하느님을 위하여 참는다면 하느님 대전에 공로가 되지 않는 것이 없기 때문이다.

– 제3권 제19장

Date / / /

- 내 마음에 닿은 문장

- 《준주성범》 깊이 읽기

· 인내할 마음으로 고통을 당할 준비를 하면 할수록 어떻게 됩니까?

· 삶에서 맞닥뜨리는 슬픔과 고난을 감내할 준비가 되어 있는지 묵상해 봅시다.

- 나의 묵상

나약함과 현세의 고역

✻

3 지극히 용맹하신 이스라엘의 하느님이시며, 신자들의 영혼을 사랑하시는 하느님, 바라건대 당신 종의 수고와 고통을 굽어보시고, 제가 어떤 환경에 있든지 모든 일에서 돌보아 주소서. 천상의 용기를 제게 내리시고 저의 힘을 더해 주시어, 아직도 영혼에 완전히 정복되지 않은 가련한 육체가, 즉 묵은 영혼이 다시는 일어나 저를 거스르지 않게 해 주소서. 이 가련한 생명을 유지하는 동안 반드시 이 육체를 거슬러 싸워야 합니다. 오! 곤란과 곤궁이 없을 수 없는 이 현세의 생활을, 모든 일에 올가미가 가득하고 원수가 많은 이 현세의 생활을, 그 무엇이라 해야 옳겠습니까! 한 가지 괴로움이나 시련이 물러가면 다른 것이 닥쳐오고, 또 이미 들어온 시련과의 싸움을 아직 끝내지 못하였는데도, 다른 여러 가지 시련이 들어옵니다.

5 그러나 슬프게도 세속에 젖은 마음은 쾌락에 이끌리고, 사욕을 채우는 것을 복락으로 생각합니다. 이는 하느님의 선하심과 덕의 참된 가치를 깨닫지도, 체험하지도 못했기 때문입니다. 세속을 천하게 여기고 거룩한 규율을 지키며 하느님을 향해 거룩히 살려고 힘쓰는 사람은, 모든 쾌락을 거절하는 이들에게 허락하신 천상의 복락이 있음을 알고, 또 세속이 자신을 얼마나 심하게 그르치고 여러 가지로 속이는지 자세히 보게 됩니다.

– 제3권 제20장

Date / / /

- 내 마음에 닿은 문장

- 《준주성범》 깊이 읽기

· 세속에 젖은 마음은 무엇에 이끌리며, 왜 그렇게 행동합니까?

· 지금껏 겪은 시련 중에 가장 견디기 힘들었던 것은 무엇이었습니까? 이를 극복하고자 어떻게 하였는지 묵상해 봅시다.

- 나의 묵상

모든 선과 은혜를 초월하여 하느님 안에서 평안히 쉼

3 지극히 사랑하는 정배 예수 그리스도님, 지극히 정결하시고 사랑스러운 분, 우주 만물의 지배자시여, 누가 제게 참된 자유의 날개를 주어, 당신께로 날아가 당신 안에 쉬게 하겠습니까? 오! 저의 주 하느님, 언제 제가 완전히 자유로이 당신의 사랑스러우심을 보게 되겠습니까? 제가 언제쯤에나 완전하게 당신께 나아가 당신을 사랑하고, 저 자신을 잊으며, 모든 감각과 방법을 초월하여, 제가 완전하게 알지 못하는 그 방법으로 당신만을 따르게 되겠습니까? 이제 저는 자주 탄식하고 애통해하면서 저의 불행을 참겠습니다. 괴로움이 가득한 이 세상 골짜기에서 수많은 악이 저를 엄습하여 자주 혼란케 하고 괴롭히며 어둡게 합니다. 또 그 악은 제가 당신께 자유롭게 나아가 복된 천사들과 함께 당신 품에 즐겁게 안기는 것을 방해하고 어지럽게 하며 유인하고 가로막습니다. 탄식하는 저의 이 소리를 들으시고 또 이 세상에 있는 여러 가지 불행을 보시어 저를 측은히 여기소서.

– 제3권 제21장

Date / / /

- 내 마음에 닿은 문장

- 《준주성범》 깊이 읽기

· 악은 우리가 무엇을 하는 것을 방해하고 가로막습니까?

· 신앙생활에서 기쁨과 즐거움을 느낀 순간은 언제였습니까? 무엇 때문에 그런 감정을 느끼게 되었는지 묵상해 봅시다.

- 나의 묵상

하느님의 풍부한 은혜를 생각함

✤

5 그러므로 당신을 사랑하고 당신 은혜를 아는 사람에게는, 그 사람에 대한 당신의 원의와 당신의 섭리만큼 그를 기쁘게 하는 것이 없습니다. 그런 사람은 당신의 거룩한 뜻에만 만족하기 때문에, 다른 사람들이 위대한 사람이 되기를 바라는 만큼, 지극히 작은 사람이 되기를 간절히 원할 것입니다. 당신의 뜻을 따르는 사람은 첫자리를 차지하는 것이나 마지막 자리를 차지하는 것이나 불평, 불만 없이 다 좋아하며, 다른 사람들에게 천하게 여김을 받거나 다른 사람 아래 있는 것을 좋아하며, 세상 사람들이 존경받고 남보다 낫게 보이기를 원하는 것과는 반대로 어떤 직책이나 명예를 좇지 않습니다. 당신의 거룩한 뜻과 당신의 영광을 사랑하는 것이야말로 그 어떤 은혜보다 탁월한 것입니다. 받은 은혜나 앞으로 받을 모든 은혜보다도 당신의 뜻을 따르는 것이 더 크고 좋은 위로가 되기에, 마땅히 그것을 더 좋아해야 할 것입니다.

– 제3권 제22장

Date / / /

• 내 마음에 닿은 문장

• 《준주성범》 깊이 읽기

· 그 어떤 은혜보다도 탁월한 것은 무엇입니까?

· 나 자신의 명예나 만족을 찾기보다, 다른 이를 위해 희생하고 양보한 적이 있는지 묵상해 봅시다.

• 나의 묵상

평화를 얻는 데 필요한 네 가지 사항 (1)

✻

3 **주님의 말씀** 아들(딸)아, 자신의 뜻을 따르는 것보다 남의 뜻 받들기에 힘써라. 항상 많이 가지는 것보다 적게 가지기를 원하여라. 항상 낮은 자리를 취하고 모든 이에게 복종하기를 도모하라. 항상 하느님의 거룩한 뜻이 네게 완전하게 이루어지기를 원하고 구하라. 그런 사람이라야 평화와 안정의 울타리 안에 들어갈 수 있다.

4 **제자의 말** 주님, 당신 말씀은 비록 짧으나, 완덕에 대한 그 의미는 깊습니다. 말씀은 적으나 뜻은 가득하고 그 결과는 풍성합니다. 제가 당신 말씀을 충실히 지킨다면, 제 안에 그처럼 쉽게 혼란이 일어날 리가 없을 것입니다. 제가 불안하고 괴로워할 때마다 모든 것이 다 이 도리에서 벗어났기 때문임을 알게 되었습니다. 그러나 주님, 당신께서는 모든 것을 하실 수 있고, 또 항상 제 영혼의 진보를 원하시니, 제게 은총을 더하시고 당신 말씀으로 채우시어 저의 영혼을 구하소서.

6 **주님의 말씀** 내가 너에게 말한다. '내가 네 앞을 걸어가면서'(이사 45,2 참조) 세상의 모든 영광스러운 자들을 대수롭지 않게 보게 할 것이며, 감옥의 문을 열고 은밀하게 감춰진 것을 네게 보여 줄 것이다.

– 제3권 제23장

Date / / /

- 내 마음에 닿은 문장

- 《준주성범》 깊이 읽기

· 평화와 안정의 울타리 안으로 들어가려면 어떻게 해야 합니까?

· '영혼의 진보'를 이루고자 한다면 어떻게 노력해야 할지 묵상해 봅시다.

- 나의 묵상

평화를 얻는 데 필요한 네 가지 사항 (2)

✱

7 **제자의 말** 주님, 당신의 말씀이 이루어져 모든 악한 생각이 당신 면전에서 물러가게 해 주소서. 저의 유일한 희망과 위로는 모든 어려움 중에서도 당신께로 나아가는 것이며, 당신께만 의탁하고, 진정으로 당신께만 부르짖고, 당신의 위로만을 끝까지 참으며 기다리는 것입니다.

10 저를 붙잡아 주시고, 변하는 모든 피조물이 주는 위로에서 저를 건져 주소서. 피조물은 그 어느 것도 저의 원의를 완전히 채워 줄 수 없고, 저를 위로할 수도 없습니다. 끊을 수 없는 당신 사랑의 사슬로 저를 당신께 결합시켜 주소서. 당신을 사랑하는 사람에게는 당신만 계셔도 넉넉하고, 당신 없이는 그 어떤 것도 어리석은 것에 지나지 않습니다.

– 제3권 제23장

Date / / /

- 내 마음에 닿은 문장

- 《준주성범》 깊이 읽기

· 제자의 유일한 희망과 위로는 무엇입니까?

· 사람에게 얻는 위로보다 하느님께서 주시는 위로에 더 큰 힘을 얻은 적이 있습니까? 그때 주님께 어떠한 힘을 얻었는지 묵상해 봅시다.

- 나의 묵상

남의 생활을 부질없이 살피는 것을 피함

✣

1 **주님의 말씀** 아들(딸)아, 호기심을 갖지 마라. 그리고 헛된 걱정을 하지 마라. 이것이든 저것이든 너와 무슨 상관이 있느냐? "너는 나를 따라라."(요한 21,22) 저 사람이 이러하고 혹은 저러하고, 또 이 사람이 이렇게 혹은 저렇게 행하거나 말하는 것이 너와 무슨 상관이냐? 네가 심판을 당해야 하는 처지에서 남을 위하여 대답할 필요가 없다. 자기 자신에 대해서만 대답하면 되지 않느냐? 왜 쓸데없는 일을 걱정하느냐? 나는 모든 사람을 다 안다. 그리고 하늘 밑에 있는 모든 사람을 보고 있으며, 각각 어떻게 하고 있는지도 알고 있고, 무엇을 생각하고, 무엇을 원하고, 그 뜻이 어디로 가는지도 안다. 그러니 너는 무엇이든지 내게 맡기고, 항상 참다운 평화 중에 머물며, 동요하는 사람들이 무엇을 하든지 그대로 내버려 두어라. 그들은 그들이 행하고 말한 것으로 넘어질 것이니, 아무도 나를 속이지 못하기 때문이다.

2 너는 드높은 명성을 갈구하지 말고, 많은 사람들과 친밀히 지내려고 하지 마라. 어느 누구와도 사사로운 정을 주고받는 데 관심을 두지 마라. 그런 모든 것들은 분심거리가 되고, 마음을 어둡게 하는 원인이 되기 때문이다. 내가 너를 방문하는 것만을 살펴서 내게 마음의 문을 열어 준다면, 나는 기꺼이 내 말을 들려주고, 나의 비밀을 기꺼이 알려 줄 것이다. 항상 주의하고 기도하면서 깨어 있어라.

– 제3권 제24장

Date / / /

- 내 마음에 닿은 문장

- 《준주성범》 깊이 읽기

· 주님께서는 자신에게 마음의 문을 여는 이에게 어떻게 해 주십니까?

· 다른 이에게서 상처를 받거나 실망했던 적이 있습니까? 그때 어디에서 위안을 찾고자 했는지 묵상해 봅시다.

- 나의 묵상

마음의 평화를 보존하며 완덕에 나아가는 방법

*

6 **주님의 말씀** 작은 일에나 큰일에나, 현세에서나 영원한 나라에서나, 자기 것을 찾지 않고, 오로지 온전한 마음으로 자기 자신을 하느님의 거룩한 뜻에 맡기는 데서 사람의 성장과 완성을 찾아야 한다. 그러므로 잘 풀릴 때나 어려울 때나 모든 것을 하나의 저울로 헤아려 변함없이 감사를 드리며 지내야 할 것이다. 비록 내적 위로가 없더라도, 더 큰 곤란을 받고자 마음을 준비하고, 용감하고 굳은 희망을 지니고 있어라. 또한 곤란을 당하는 것이 옳지 않다고 주장하기보다는 오히려 내가 섭리하는 일을 전적으로 신뢰하고, 나를 거룩하다고 찬미한다면, 너는 분명히 참되고 바른 평화의 길을 걸을 수 있을 것이다. 이렇게 되면 너는 기쁨 중에 나의 얼굴을 다시 볼 희망을 가질 수 있다. 어떤 처지에 놓여 있든, 자기 자신을 하찮고 비천하게 여긴다면, 그곳에서 누릴 수 있는 평화를 가득히 누린다는 것을 알아야 한다.

– 제3권 제25장

Date / / /

- 내 마음에 닿은 문장

- 《준주성범》 깊이 읽기

· 사람의 성장과 완성됨은 어디서 찾아야 합니까?

· 하느님께서 섭리하시는 일에 대한 굳은 믿음과 희망을 가지고 있는지 묵상해 봅시다.

- 나의 묵상

비판하는 사람들의 말에 대하여

✠

1 **주님의 말씀** 아들(딸)아, 남이 너를 잘못 생각하고, 네가 즐겨 듣지 않는 말을 한다고 해서 힘들어하지 마라. 너는 그 말보다 너 자신에 대해 더 나쁘게 생각해야 하고, 또 누구도 너보다 약한 사람은 없다고 생각해야 한다. 내적 생활을 한다면 풍설에 크게 관계하지 않을 것이다. 유익하지 않은 일이 생기더라도 잠잠할 줄 알고, 어떤 경우에도 모든 것을 내게 향하고, 다른 사람이 이렇다 저렇다 한다고 해도 절대로 혼란스러워하지 않는 것은 큰 지혜다.

2 네 평화를 사람들의 입에 맡기지 마라. 그들이 너를 잘 이해하든 잘못 이해하든, 그로 인해 네가 다른 사람이 되는 것은 아니다. 참된 평화와 참된 영광은 어디 있느냐? 바로 나에게 있지 않느냐? 다른 사람의 뜻에 맞추려 하지 않고, 다른 사람과 뜻이 다르다고 두려워하지도 않는 사람은 평화를 누릴 것이다. 절제 없이 아무것이나 사랑하고, 헛되이 아무것이나 무서워하기 때문에 마음의 모든 불안과 오관의 혼란이 생기는 것이다.

– 제3권 제28장

Date / / /

- 내 마음에 닿은 문장

- 《준주성범》 깊이 읽기

· 마음의 모든 불안과 오관의 혼란은 무엇 때문에 생겨나는 것입니까?

· 평소에 다른 이가 나를 어떻게 평가하는지 지나치게 신경쓰곤 합니까? 나 스스로 생각하는 나란 사람에 대해 적어 봅시다.

- 나의 묵상

하느님께 도움을 구하고 은총이 올 때를 기다림

4 내가 잠시 너를 괴롭게 한다고, 혹은 위로를 주지 않는다고 해서 너를 완전히 버린 것으로 생각하지 마라. 천국에 가는 길은 그런 법이다. 너를 위해서나, 나를 섬기는 모든 이를 위해서나, 모든 일이 바라는 대로 되는 것보다는 괴로운 시련을 당하는 것이 더 낫다. 나는 네 마음속에 감추어 놓은 생각을 다 안다. 좋은 결과가 있을 때에는 자만심을 갖는 데다가, 하찮은 일에서 만족을 얻으려 하기에, 어떤 때에는 너를 하늘의 즐거움 없이 내버려 두는 것이 네 구원에는 차라리 유익하다는 것을 나는 잘 알고 있다.

6 네가 올바르게 생각하며 진리를 따른다면, 어떤 괴로움에도 마음이 심란하지 않을 것이며, 오히려 즐거워하며 내게 감사할 것이다. 내가 너를 아끼지 않고 고통으로 괴롭게 하는 것을 값진 즐거움으로 생각하라. 나는 사랑하는 제자들에게 "아버지께서 나를 사랑하신 것처럼 나도 너희를 사랑하였다."(요한 15,9)라고 하였지만, 세상의 즐거움을 맛보기보다 큰 고통을 겪고, 명예를 취하기보다 모욕을 참아 받고, 한가로이 지내기보다 일하면서 지내고, 편히 쉬기보다 인내함으로 많은 열매를 맺도록 그들을 보낸 것이었다. 아들(딸)아, 너는 이 말을 명심하라.

— 제3권 제30장

Date / / /

- 내 마음에 닿은 문장

- 《준주성범》 깊이 읽기

· 올바르게 생각하며 진리를 따르면 어떻게 됩니까?

· 수많은 시련 속에서도 인내로서 많은 열매를 맺으려면 어떻게 할지 묵상 해 봅시다.

- 나의 묵상

주의하여 처신하고 위험 중에 하느님께 의탁함

1 **주님의 말씀** 아들(딸)아, 어디서나, 어느 활동에서나, 어떤 세상일에서나, 네 마음이 자유로워 자신을 다스릴 힘이 있고, 모든 것을 지배할 힘이 있어, 네가 지배를 받지 않도록 삼가 주의하여야 한다. 네가 네 행동의 주인과 관리자가 되어야지, 네 행동의 노예가 되어서는 안 된다. 노예 신분에서 벗어나서 하느님 아드님의 몫과 자유를 얻은 참히브리인이 되어라. 그런 사람은 비록 현세에 있지만 영원한 것을 동경하며, 왼쪽 눈으로는 무상無常한 현세를 바라보면서도 오른쪽 눈으로는 천상의 것을 바라본다. 그런 사람은 물욕에 이끌리지 않고, 오히려 세상 것을 이끈다. 그는 모든 피조물을 하느님께서 창조하신 질서에 따르도록 이끈다.

– 제3권 제38장

Date / / /

- 내 마음에 닿은 문장

- 《준주성범》 깊이 읽기

· 하느님 아드님의 몫과 자유를 얻은 참히브리인은 어떤 사람입니까?

· 다른 이의 말이나 의견에 휩쓸리지 않고 내 삶의 주인이 되려면 어떻게 해야 할지 묵상해 봅시다.

- 나의 묵상

사람에게는 선도 없고, 영광으로 삼을 것이 없음

4 제게 이루어지는 모든 성공은 다 당신께로부터 오는 것이니, 감사드립니다. 저는 헛것에 불과하니, "당신 앞에서는 없는 것과 같습니다."(시편 39,6) 저는 항구한 마음이 없고, 나약한 사람에 지나지 않습니다. 그런 제가 세상 무엇으로 영광을 삼고, 남 앞에 명예를 얻을 수 있겠습니까? 그것들은 허무할 뿐입니다. 그 허무한 것을 영광으로 삼겠습니까? 그것은 가장 헛된 일입니다. 헛된 영광은 끔찍한 흑사병과 같고 너무나 허무한 것이니, 저를 참된 영광에서 멀어지게 하고 천상의 은총을 빼앗습니다. 사람이 스스로 만족하면 당신 마음에 들지 못하며, 인간의 칭찬을 즐겨 들으려 하면 참다운 덕행을 잃고 말 것입니다.

5 참다운 영광과 거룩한 기쁨과 즐거움은 자신이 아니라 당신을 자랑하는 일에 있으며, 자기 덕행이 아니라 당신 이름으로 즐거워하는 데 있으며, 당신을 위해서만 어떤 피조물을 두고 기뻐하는 데 있습니다. 찬미를 받아야 할 것은 저의 이름이 아니라 당신 이름이며, 찬송을 받아야 할 것은 저의 업적이 아니라 당신 업적입니다. 당신의 거룩한 이름만 현양되어야 하며, 사람들이 드러내는 찬미는 조금도 제게 돌리지 말게 하소서. 당신께서는 저의 영광이시며, 저의 즐거움이십니다. 저는 당신 안에서 항상 자랑하고 즐겁고 기뻐하오니, '저 자신에 대해서는 제 약점밖에 자랑하지 않으렵니다.'(2코린 12,5 참조)

— 제3권 제40장

Date / / /

- 내 마음에 닿은 문장

- 《준주성범》 깊이 읽기

· 참다운 영광, 거룩한 기쁨과 즐거움은 어디에 있습니까?

· 어떤 일에서 성공을 거두었을 때, 그 영광을 하느님께 돌리고 감사한 마음을 표현하였는지 묵상해 봅시다.

- 나의 묵상

세속적 헛된 지식

1 주님의 말씀 아들(딸)아, 너는 사람이 하는 말이 아름답고 사리에 밝다고 이끌리지 마라. '하느님의 나라는 말이 아니라 힘에 있다.'(1코린 4,20 참조) 마음을 뜨겁게 하고 정신을 밝혀 주는 내 말을 삼가 들을 것이니, 그것은 마음에 통회를 일으키고 여러 가지 위로를 주는 말이다. 남보다 박학하고 지혜롭다는 말을 듣겠다는 마음으로는 어떤 글도 읽지 마라. 악습을 고치는 데 힘써라. 그것이 어려운 문제를 많이 푸는 것보다 네게 더 유익하기 때문이다.

2 많이 읽고 많이 알아들었으면 항상 유일한 원리로 돌아가야 할 것이다. 그 원리는 사람에게 지식을 가르치며, 사람한테서 배워 알 수 있는 것 이상으로 명석한 이해력을 준다. 내가 가르치는 사람은 오래지 않아 지혜롭게 될 것이며, 영혼에는 큰 발전이 있을 것이다. 사람에게는 헛된 것을 많이 물으면서 나를 섬기는 일에는 그다지 관심을 기울이지 않는 사람에게는 화가 있을 것이다. 모든 선생의 스승이며 천사들의 주인인 그리스도가 나타날 때가 있을 터이니, 그때에는 모든 사람들이 그의 가르침을 들으러 올 것이다. 이는 그가 각 사람의 양심을 살피러 온다는 뜻이다. '그때에 나는 불을 켜 들고 예루살렘을 뒤지리니'(스바 1,12 참조), 모든 암흑에 숨은 것이 드러날 것이며, 혀는 변론을 그치고 잠잠할 것이다.

— 제3권 제43장

Date / / /

- 내 마음에 닿은 문장

- 《준주성범》 깊이 읽기

· '유일한 원리'는 사람에게 무엇을 가르치고, 어떠한 것을 줍니까?

· 스승이신 예수님의 가르침 중 마음에 와닿는 것이 있습니까? 그 가르침이 인상 깊게 남은 까닭은 무엇인지 묵상해 봅시다.

- 나의 묵상

모든 사람을 다 믿을 수 없음

5 남의 말을 하지 않고, 모든 것을 분별없이 다 믿지 않고, 들은 것을 가볍게 옮기지 않고, 저 자신을 아무렇게나 드러내지 않고, 항상 마음을 보살펴 주시는 당신만 찾으며, 바람과 같이 이러저러한 말에 흔들리지 않고, 안팎의 모든 일이 당신 뜻대로 이루어지기를 원한다면, 그 얼마나 좋으며, 얼마나 큰 평화를 얻을 수 있겠습니까! 사람들 앞에 드러나는 것을 피하고, 자랑거리가 될 만한 것을 원하지 않으며, 오로지 개과천선하려는 마음으로 열심히 당신을 따르는 일만을 찾아 실천하는 것이야말로 천상의 은총을 보존하는 안전한 방법이 아니겠습니까! 남에게 덕을 드러내고 너무 일찍 칭송을 받게 되어 상처를 입은 사람이 얼마나 많습니까! 모든 것이 유혹이며 전쟁인 이 위험한 세상에서 은총을 은밀하게 보존하는 것이야말로 그 얼마나 유익합니까!

– 제3권 제45장

71

Date / / /

- 내 마음에 닿은 문장

- 《준주성범》 깊이 읽기

· 천상의 은총을 보존하는 안전한 방법은 무엇입니까?

· 내가 가진 재물이나, 갑자기 찾아온 행운을 지나치게 과시한 적은 없었는지 묵상해 봅시다.

- 나의 묵상

비난을 당할 때 하느님께 의탁함

*

1 **주님의 말씀** 아들(딸)아, 굳세게 서 있고 나를 믿고 있어라. 말은 무엇이냐? 말은 말에 지나지 않을 뿐이고, 공중에 흩어질 뿐이지 단단한 돌에 상처조차 입히지 못한다. 만일 네가 죄를 지었거든 기꺼이 고쳐야 한다고 생각하라. 만일 잘못한 것이 하나도 생각나지 않는데도 비난의 소리를 들으면, 하느님을 위하여 기꺼이 참아 나가야 된다고 생각하라. 네게는 큰 어려움을 이겨 낼 힘이 아직도 없으니, 때에 따라서는 비록 남의 말이라도 듣고 참는 경우가 생기는 것도 괜찮다. 그처럼 하찮은 일이라도 그것이 네 마음을 사로잡는다는 것은 아직도 네가 육체를 따라 살고 체면을 중요하게 여기고 있다는 뜻이 아니고 무엇이겠느냐? 다른 사람이 너를 업신여길까 봐 두려워하기 때문에 잘못에 대한 책망을 싫어하고, 핑계를 대며 그 잘못을 가리려고 하는 것이다.

— 제3권 제46장

Date / / /

• 내 마음에 닿은 문장

• 《준주성범》 깊이 읽기

· 잘못한 것이 없을 때라도 비난을 들으면 어떻게 해야 합니까?

· 다른 이에게 심한 비난을 들었을 때 어떻게 대처했습니까? 내게 비난을 했던 이와의 관계는 현재 어떠한지 묵상해 봅시다.

• 나의 묵상

영생을 얻기 위하여 모든 어려운 일을 감수함

✣

2 네가 해야 할 일을 하여라. 나의 포도밭에서 충실히 일하여라. 내가 네 품값이 되리라. 쓰고, 읽고, 노래하고, 탄식하고, 침묵하고, 기도하라. 용감하게 역경을 참아라. 영원한 생명을 위해서는 그 모든 것을, 아니 그보다 더 큰 싸움을 치러야 한다. 하느님께서만 아시는 그 어느 날에 평화가 찾아올 것이니, 그때에는 이 세상이 낮도 아니고 밤도 아닐 것이며, 오직 영원한 빛과 한없는 영광과 흔들림 없는 평화와 안전한 안식만이 있을 것이다. 그때에는 "누가 이 죽음에 빠진 몸에서 나를 구해 줄 수 있습니까?"(로마 7,24) 하지 않고, 또 "아, 내 신세여! 케다르의 천막들 사이에서 지내야 했으니!"(시편 120,5) 하고 소리 지르지도 않을 것이다. 죽음은 파멸을 당할 것이며, 구원에는 어떠한 결함도 없을 것이며, 아무 근심도 없고, 즐거운 복락과 사랑스럽고 안락한 만남만 있을 것이다. 성인들은 이 세상에서 지낼 때 극심하게 천대를 받고 현세에서 사는 것조차 부당한 것처럼 생각되었으나, 지금 그들이 얼마나 큰 영광 속에서 즐거워하며, 또 그들의 영원한 면류관은 얼마나 빛나고 있는가! 아! 네가 그 장면을 단 한 번만이라도 본다면, 너는 즉시 땅에까지 스스로를 낮출 것이며, 한 사람이라도 발아래 두기보다는 네가 모든 사람 아래 있게 되기를 원할 것이다. 또 이 세상의 아무리 즐거운 날이라도 원하지 않을 것이며, 하느님을 위해서라면 차라리 즐거이 곤경을 겪으려 할 것이며, 사람들 가운데에서 가장 보잘것없는 작은 이, 극히 작은 이로 인정받기를 바랄 것이다.

— 제3권 제47장

Date / / /

- 내 마음에 닿은 문장

- 《준주성범》 깊이 읽기

· 하느님만 아시는 어느 날에 평화가 찾아오면 이 세상은 어떻게 됩니까?

· 존경하거나 본받고 싶은 성인이 있습니까? 성인의 어떠한 점을 닮고자 하는지 묵상해 봅시다.

- 나의 묵상

영원한 생명을 위해 용맹히 싸우는 사람에게 허락된 행복

✢

1 **주님의 말씀** 아들(딸)아, 영원한 행복을 사모하는 마음은 천상에서 주시는 것임을 깨닫고, 조금도 변치 않는 나의 광명을 보려고 육체의 장막을 걷어 낼 뜻이 생기거든, 네 마음을 넓혀 간절한 원의를 갖고 거룩한 영감을 받아라. 너를 이와 같이 돌보시고, 너그럽게 찾으시며, 뜨겁게 격려해 주시고, 네가 세상 것에 떨어지지 않도록 힘차게 거두어 주시는 지극히 어지신 분에게 정성을 다해 감사하라. 그 같은 원의는 네 생각이나 노력으로 얻을 수 있는 것이 아니라, 천상 은총의 힘과 하느님의 돌보심으로만 얻는 것이다. 그 같은 원의를 네게 주신 것은 덕행에 진보하고, 겸손하도록 더 힘쓰며, 장래에 치를 싸움을 위하여 준비하고, 온전한 마음으로 나만을 사랑하며, 열심을 다하여 나를 섬기는 데 힘을 쓰라는 뜻에서다.

— 제3권 제49장

Date / / /

- 내 마음에 닿은 문장

- 《준주성범》 깊이 읽기

· 영원한 행복을 사모하는 마음은 어디에서 주시는 것입니까?

· 내 삶을 주관하시는 분이신 주님께 감사의 마음을 담아 기도를 바칩시다.

- 나의 묵상

위로가 없을 때 하느님께 의탁함

4 당신의 사랑을 위해 세상에서 고통과 역경을 당하는 것은 그것이 몇 번이든지, 또 누구에게서 받게 되든지 상관없이 모두 당신 벗에게 주시는 은혜일 뿐입니다. 당신의 계획과 안배가 없고, 또 이유가 없이는 이 세상에서 이루어질 수 있는 것은 아무것도 없습니다. 주님, "제가 고통을 겪은 것은 좋은 일이니 당신의 법령을 배우기 위함이었습니다."(시편 119,71) 모든 교만한 마음과 주제넘은 마음을 없애는 데에는 저 자신을 낮추는 것이 좋은 길입니다. 부끄러움으로 제 얼굴을 가리게 되면 사람에게보다도 당신께 위로를 구하게 되니 오히려 제게는 도움이 됩니다. 당신께서는 의인을 죄인과 다름없이 괴롭게 하시니, 당신이 공평하지 않고 정의롭지 않으셔서가 아니라, 그에게도 당신 심판의 두려움을 가르치시기 위해서입니다.

7 주님, 저로 하여금 알아야 할 것을 알게 하시고, 사랑해야 할 것을 사랑하게 해 주시며, 당신 마음에 맞는 것을 찬미하게 하시고, 당신께서 귀하다고 하시는 것들을 귀하게 여기도록 해 주시며, 당신 눈에 더럽게 보이는 것들을 저도 하찮게 보게 해 주소서. 눈에 보이는 대로 판단하지 않게 해 주시고, 경험이 없는 사람들의 말을 듣고 그대로 판단하지 않게 해 주시며, 유형한 것과 영적인 것을 바로 식별하게 하시고, 또 모든 것을 초월하여 당신 의향을 항상 제대로 알게 해 주소서.

— 제3권 제50장

Date / / /

- 내 마음에 닿은 문장

- 《준주성범》 깊이 읽기

· 의인 역시도 죄인과 똑같이 괴롭게 하시는 까닭은 무엇입니까?

· 나 자신을 낮추고 주님을 경외한다는 것은 어떤 의미인지 묵상해 봅시다.

- 나의 묵상

세상에 맛들이는 사람에게는 하느님의 은총이 내리지 않음

3 네가 이 완덕의 절정에 이르고자 한다면, 너 자신과 모든 사사로운 이익과 물질에 대한 무절제한 성향을 그 뿌리부터 뽑아 없애야 한다. 이를 위해서 너는 도끼를 뿌리에 댄 사람처럼 시작해야 한다. 뿌리째 없애 버려야 할 모든 악습은 거의 다 자기 자신을 지나치게 사랑하는 데서 생긴 것이다. 그러므로 바로 이 악습을 쳐 이겨 완전히 굴복시키면 항상 평화가 가득할 것이다. 그렇지만 자기에 대하여 완전히 죽고, 또 자기를 완전히 초월하여 나아가려는 사람은 많지 않다. 오히려 많은 사람들이 자기 자신한테 얽힌 채 앞으로 나아가지 못하고, 자기를 벗어나 거룩한 세상에로 오르지 못한다. 나와 함께 자유로이 거룩한 세상에 오르려는 사람은 악하고 무절제한 모든 감정을 억제해야 하며, 어떠한 피조물에 대해서도 사사로운 감정으로 애착하지 말아야 한다.

– 제3권 53장

Date / / /

- 내 마음에 닿은 문장

- 《준주성범》 깊이 읽기

· 완덕의 절정에 이르고자 한다면 어떻게 해야 합니까?

· 물질적인 것에 마음을 빼앗겨 영적인 생활과 멀어지고 있는 것은 아닌지 묵상해 봅시다.

- 나의 묵상

본성과 은총의 작용이 서로 다름 (1)

*

2 본성은 기꺼이 죽거나 남에게 지거나, 굴복하거나, 복종하기를 싫어한다. 그러나 은총은 극기에 힘쓰고, 육욕에 저항하고, 남의 밑에 들어가기를 바라고, 남에게 지기를 바라며, 자기 뜻에 따라 하려 하지 않고 규칙을 따르기를 좋아한다. 또한 다른 사람을 다스리기를 바라지 않고, 항상 하느님의 손안에 머물러 살기를 원하며, 하느님을 위하여 자기 자신을 모든 사람 아래에 겸손하게 두려고 준비하고 있다. 본성은 자기 이익을 위해 움직이고, 다른 사람들한테서 무슨 이익을 얻을 수 있는지를 셈한다. 은총은 자기에게 유익할 것을 찾지 않고, 다른 많은 사람들에게 유익할 것을 도모한다. 본성은 명예를 얻고 존경받는 것을 대단히 좋아하지만, 은총은 모든 명예와 존경을 하느님께 온전하게 돌려보낸다.

– 제3권 제54장

Date / / /

- 내 마음에 닿은 문장

- 《준주성범》 깊이 읽기

· 본성과 은총은 각각 어떤 특성을 지녔습니까?

· 나는 평소에 본성에 더 자주 이끌리는지, 아니면 은총에 더 가깝고자 하는지 묵상해 봅시다.

- 나의 묵상

본성과 은총의 작용이 서로 다름 (2)

✻

6 본성은 주변에 친구와 친척이 많은 것을 즐겨 내세우기를 좋아하고, 높은 지위와 귀한 문벌을 영광으로 삼고, 권세 있는 사람에게 호감을 사려 애쓰고, 부자에게 아첨하며, 자기와 한편인 사람을 찬양한다. 그러나 은총은 원수도 사랑하고, 친구가 많다고 하여 교만을 부리지도 않고, 지위가 높고 문벌이 대단하다 하여도 덕행이 많지 않은 사람이라면 귀하게 여기지 않고, 부자보다도 가난한 사람에게 호의를 베풀고, 세력가보다도 무죄한 사람을 동정한다. 또한 신용이 없는 사람과 친하게 지내지 않고 진실한 사람을 좋아하고, 착한 사람에게 "더 큰 은사를 열심히 구하고"(1코린 12,31), 덕행을 닦아 하느님의 아드님과 닮은 사람이 되기를 힘쓰라고 항상 권면한다. 본성은 곤궁한 경우를 당하고 귀찮은 것을 만나면 금세 원망하지만, 은총은 곤궁한 것이 있어도 잘 참아 나간다.

8 은총은 초자연적 광명이며, 하느님의 특별한 선물이며, 처음부터 선택된 사람들의 기호이자 영광의 증거다. 은총은 사람으로 하여금 세상의 것을 떠나 천상의 것을 사랑케 하고, 육체적 인간을 영적 인간이 되게 한다. 그러므로 본성을 누르고 이길수록 더 많은 은총을 받게 되고, 하느님과의 새로운 만남으로 날마다 사람이 변하고, 더욱더 하느님의 모습을 닮아 가게 되는 것이다.

– 제3권 제54장

Date / / /

- 내 마음에 닿은 문장

- 《준주성범》 깊이 읽기

· 은총은 사람이 무엇을 사랑하게 하며, 어떤 인간이 되게끔 합니까?

· 우리는 하느님과의 만남으로 그분을 더욱 닮게 됩니다. 어느 때 하느님의 현존을 느끼는지 묵상해 봅시다.

- 나의 묵상

자기를 끊고 십자가를 지고 그리스도를 따름

1 **주님의 말씀** 아들(딸)아, 네가 너 자신을 떠나면 떠나는 만큼 내게로 올 수 있다. 바깥 것을 전혀 탐내지 않으면 내적 평화를 누릴 수 있는 것처럼, 내적으로 자기를 버리면 하느님과 하나가 될 것이다. 나는 네가 나의 뜻 안에서 어떤 반항이나 원망도 없이 완전히 자신을 끊어 버릴 줄 알기를 원한다. "나를 따라라."(마태 9,9) "나는 길이요 진리요 생명이다."(요한 14,6) 길 없이는 다닐 수가 없고, 진리 없이는 인식할 수가 없으며, 생명 없이는 살 수가 없다. 나는 네가 따라야 할 길이요, 네가 믿어야 할 진리요, 네가 바라야 할 생명이다. 나는 어긋날 수 없는 길이요, 그르칠 수 없는 진리요, 영원한 생명이다. 나는 가장 바른 길이요, 가장 높은 진리요, 참된 생명이요, 복된 생명이며, 창조되지 않은 생명이다. 나의 길에 머물러 실천하면 진리를 알게 될 것이며, 진리가 너를 자유롭게 할 것이며, 영생을 얻게 될 것이다.

3 **제자의 말** 주 예수님, 당신의 길은 좁고, 세상은 그 길을 하찮게 여겼으나, 제게는 세상을 가볍게 여기고 당신을 배울 수 있는 은혜를 베푸소서. '제자는 스승보다 높지 않고, 종은 주인보다 높지 않습니다.'(마태 10,24 참조) 당신 종이 당신의 행적에 익숙해지게 하소서. 그렇게 하는 것이 저에게는 구원이 될 것이고, 그럼으로써 참된 성덕을 닦을 수 있습니다. 당신 행적 말고는 그 어떤 것을 읽거나 들어도 저를 편하게 하고 완전하게 만족시키는 것은 없습니다.

– 제3권 제56장

Date / / /

- 내 마음에 닿은 문장

- 《준주성범》 깊이 읽기

· 내적으로 자기를 버리게 되면 어떻게 됩니까?

· 첫 세례 때의 마음을 떠올려 봅시다. 그때처럼 한결같은 마음으로 주님을 사랑하고 있는지 묵상해 봅시다.

- 나의 묵상

과실이 있다고 낙심하지 않음

✱

1 **주님의 말씀** 아들(딸)아, 나는 순탄하게 지내며 신심이 깊은 사람보다는, 역경을 참으면서도 겸손한 사람을 더 좋게 생각한다. 남에게 싫은 말 좀 들었다고 어찌 그리 걱정이 많으냐? 그보다 더한 것이 있어도 마음이 동요하지 말아야 했다. 이제는 그런 것들이 지나가게 내버려 두어라. 그런 일이 처음 있는 것도 아니고, 새로운 것도 아니며, 또 마지막이 되는 것도 아니기 때문이다. 아무런 역경이 없을 때에는 용감하기가 어렵지 않다. 다른 이는 말로써 잘 훈계하여 견고케 하면서도, 정작 네 앞에 어떤 고난이 갑자기 닥치면 너는 네 계획과 능력을 잃어버린다. 사소한 일로 자주 경험하여 알고 있듯이, 자신이 매우 약하다는 것을 잊지 마라. 그런 일 혹은 그와 비슷한 일이 생기는 것은 모두 네 구원을 위한 것이다.

3 마음이 공정해야 한다. 또 인내의 덕을 완전히 쌓아라. 곤란을 겪고 시련이 심하다 할지라도, 모든 것이 실패한 것은 아니다. 너는 사람이지 하느님이 아니다. 네 육체가 있는 인간이지 천사가 아니다. 하늘에 있는 천사들과 낙원에 있는 원조들조차 항상 완전한 덕행의 상태로 있었던 것이 아닌데, 하물며 인간인 네가 어떻게 항상 덕행의 상태에 있겠느냐? 나는 근심하는 사람들을 일으켜 구원하고, 또 자신의 약함을 아는 사람들을 나의 신성에로 데려가 준다.

— 제3권 제57장

Date / / /

- 내 마음에 닿은 문장

- 《준주성범》 깊이 읽기

· 주님께서는 순탄히 지내며 신심 깊은 이보다 누구를 더 좋게 여기십니까?

· 어떤 일에서 크게 실패하였을 때 어떻게 대처하였습니까? 절망 속에 머무른 채 하느님을 잊었던 것은 아닌지 묵상해 봅시다.

- 나의 묵상

심오한 문제와 하느님의 은밀한 판단을 탐구하지 않음

1 **주님의 말씀** 아들(딸)아, 심오한 문제와 하느님의 은밀한 판단에 대하여 논하지 마라. 즉 하느님께서 왜 이 사람은 이렇게 버려두시고 저 사람에게는 저러한 은총을 주시는가, 이 사람은 왜 큰 고통을 겪고 저 사람은 왜 높은 지위를 얻었는지 논할 생각을 마라. 그 모든 것을 깨닫는 것은 사람의 능력을 넘어서는 일이며, 하느님의 판단을 알아내는 것은 무엇으로도 가당치 않다. 그러므로 원수가 하느님의 판단을 알아내라고 유혹하거나 호기심이 많은 어떤 사람이 그런 이야기를 꺼내거든 예언자의 말씀을 빌려 "주님께서는 의로우시고 주님의 법규는 바릅니다."(시편 119,137)라고 하고, 또 "주님의 법규들은 진실이니 모두가 의롭네."(시편 19,10)라고 대답하여라. 나의 판단은 사람의 이지理智로 알아들을 수 없는 것이므로, 논할 것이 아니라 다만 두려워해야 할 것이다.

10 어린아이와 같이 겸손하지 않는 사람에게는 화가 미칠 것이다. 이는 천국의 낮은 문턱마저도 그런 이들에게는 턱없이 높기 때문이다. 현세에서 많은 복을 누린 부자들에게는 화가 미칠 것이다. 가난한 사람들이 천국으로 들어갈 때에 그들은 밖에 서서 부르짖을 것이다. 겸손한 사람들아 즐거워하고, 가난한 사람들아 기뻐 뛰어라. 진리의 길을 끝까지 걷기만 하면 하느님의 나라는 너희 것이 될 것이다.

– 제3권 제58장

Date / / /

- 내 마음에 닿은 문장

- 《준주성범》 깊이 읽기

· 어린아이처럼 겸손하지 않은 사람에게는 왜 화가 미치게 됩니까?

· 내가 하는 일과 그에 따른 결과가 하느님의 뜻이라고 여기며 받아들이는지 묵상해 봅시다.

- 나의 묵상

하느님께만 모든 희망과 믿음을 둠

✠

4 평화와 행복이 있더라도 그 모든 것이 당신 없이는 아무것도 아니며, 그 무엇이라도 참된 행복을 줄 수 없습니다. 그러므로 당신이야말로 모든 선과 생명의 목표며 절정이며 극치이십니다. 모든 것을 초월하여 당신께만 희망을 두는 것이 당신 종들에게는 가장 큰 위로가 됩니다. 저의 하느님이시며 "인자하신 아버지"(2코린 1,3), 저의 눈은 항상 당신께로 향하고 언제나 당신께 모든 것을 맡기고 있습니다. 천상의 축복으로 저의 영혼에 복을 내리시어, 저로 하여금 당신께서 머무르시는 거룩한 거처가 되게 하소서. 제 영혼을 강복해 주시어 당신의 영원한 어좌가 되게 하소서. 존엄하신 당신 앞에서 제가 당신을 거스른다면 당신의 거룩한 성전에서 아무것도 찾지 못하게 하소서. 당신의 크신 선의와 무한하신 자비로 저를 돌보시고, 죽음의 그늘진 이 땅에서 귀양살이하는 동안 드리는 불쌍한 종의 기도를 들어주소서. 죽어야 할 운명이 겪는 그 수많은 위험 중에서 당신 종의 영혼을 보호하시고, 보존하시며, 항상 평화의 길로 인도하시며, 영원히 빛나는 고향에 이르게 하소서. 아멘.

– 제3권 제59장

Date / / /

- 내 마음에 닿은 문장

- 《준주성범》 깊이 읽기

· 당신 종들에게 가장 큰 위로가 되는 것은 무엇입니까?

· 우리 마음은 하느님께서 머무시는 거룩한 거처입니다. 나는 수많은 위험 속에서도 이를 지키고자 노력하였는지 묵상해 봅시다.

- 나의 묵상

공경을 다하여 그리스도를 영함 (1)

2 당신께서는 당신과 함께하려면 굳은 신뢰를 가지고 당신께 가까이 오라고 하셨고, 영원한 생명과 영광을 누리려면 불사불멸의 양식을 먹으라고 하셨습니다. 또한 당신은 "고생하며 무거운 짐을 진 너희는 모두 나에게 오너라. 너희에게 안식을 주겠다."(마태 11,28)라고 하셨습니다. 죄인의 귀에는 이 말씀이 얼마나 인자하고 고맙게 들리겠습니까? 저의 주 하느님, 당신께서는 지극히 거룩하신 당신의 몸을 영하라고, 가난한 자를 부르십니다. 그러나 주님, 제가 누구이기에 당신 대전에 감히 나아가겠습니까? 보소서! 천상의 하늘도 당신을 받아들일 수 없는데, 어찌 당신께서는 "너희는 모두 나에게 오너라." 하십니까!

5 오, 저의 하느님, 그들은 당신 마음에 들기 위해 얼마나 애를 썼습니까? 그렇지만 저의 준비는 얼마나 보잘것없습니까? 영성체를 준비하는 데 얼마나 적은 시간을 보냅니까? 완전하게 마음을 준비한 적이 드물고, 모든 분심을 없앤 적은 매우 드뭅니다. 그러나 당신의 존엄한 신성을 대할 때 조금이라도 부당한 생각이 있어서는 안 되며, 그 어떤 피조물을 마음에 두어서도 안 된다는 것에 티끌만큼의 의심도 없습니다. 제 집의 천사를 영접하려는 것이 아니라, 천사들의 주님을 영접하려는 것이기 때문입니다.

– 제4권 제1장

Date / / /

• 내 마음에 닿은 문장

• 《준주성범》 깊이 읽기

· 주님께서는 영원한 생명과 영광을 누리려면 무엇을 먹으라고 하십니까?

· 영성체를 모시기 전 충분히 마음의 준비를 하고 있는지, 성체를 모신 후 에는 어떤 기도를 드리고 있는지 묵상해 봅시다.

• 나의 묵상

공경을 다하여 그리스도를 영함 (2)

10 오! 성체의 오묘하고 신비로운 은총! 이 은총은 그리스도교 신자들만 아는 것이며, 외교인들과 죄의 종살이하는 사람들은 체험할 수조차 없습니다. 이 성사는 거룩한 은총을 주고, 잃은 덕행을 돌려주며 죄악으로 더러워진 저희의 영혼을 아름답게 해 줍니다. 신심이 깊은 사람이 은총을 풍성히 받아 그의 영혼뿐만 아니라 연약한 육체도 힘을 더 많이 받는 데에서 이 은총의 위대한 힘이 드러납니다.

12 이 거룩한 성사를 세상의 어느 한 곳에서만 지낸다면, 또 한 사제를 통해서만 성체를 받아 모실 수 있다면 신성한 이 신비에 참례하고자 하는 마음은 얼마나 간절하겠으며, 그 사제를 얼마나 사모하겠습니까! 하지만 이제는 사방에서 수많은 사제들이 미사를 봉헌합니다. 이처럼 거룩한 성사가 온 세상에 널리 퍼짐으로써 사람에 대한 하느님의 사랑과 은총이 더욱 명백하게 드러납니다. 영원하신 목자, 착하신 예수님, 귀양살이하는 불쌍한 저희를 어여삐 여기시어 보배로운 당신의 성체와 성혈로 저희를 기르심에 감사드립니다. 또 저희가 이 성사를 영하도록 당신께서는 그 거룩하신 입으로 저희를 초대하여 "고생하며 무거운 짐을 진 너희는 모두 나에게 오너라. 내가 너희에게 안식을 주겠다."(마태 11,28) 하셨으니 감사하나이다.

– 제4권 제1장

Date / / /

- 내 마음에 닿은 문장

- 《준주성범》 깊이 읽기

· 거룩한 성체성사가 온 세상에 널리 퍼짐으로써 어떻게 됩니까?

· 미사 때마다 주님의 몸인 성체를 모시는 나의 마음가짐은 어떠한지 묵상해 봅시다.

- 나의 묵상

성체에 드러나는 하느님의 위대한 어지심과 사랑

✠

6 내 영혼아, 눈물의 골짜기에 남아 있는 너에게 남겨 주신 이 고귀한 예물과 특별한 위로를 생각하고 즐기며 하느님께 감사하여라. 네가 이 성사를 거행할 때와 그리스도의 성체를 영할 때마다 구속 사업이 계속해서 이루어지며, 그리스도의 모든 공로에 참례하게 되는 것이다. 그리스도의 사랑은 조금도 줄어들지 않으며, 그분께서 너를 어여삐 여기시는 마음은 조금도 없어지지 않는다. 그러므로 항상 마음을 새롭게 하여 이 성사를 잘 영하도록 준비하고, 정신을 차려 이 구원의 신비를 묵상해야 한다. 미사를 드리거나 혹 참례할 때마다 그리스도께서 사람이 되시어 동정녀의 태중에 내려오신 것처럼, 혹은 사람의 구원을 위하여 십자가에 달려 고난을 받아 돌아가신 것처럼, 그만큼 중대하고 새롭고 기쁜 일로 여겨야 한다.

– 제4권 제2장

Date / / /

- 내 마음에 닿은 문장

- 《준주성범》 깊이 읽기

· 성체성사를 거행하고, 성체를 영할 때마다 어떤 일이 이루어집니까?

· 예수님께서 성체성사를 통해 우리에게 전해 주시고자 하는 것은 무엇일지 묵상해 봅시다.

- 나의 묵상

자주 영성체함은 매우 유익함

3 사람의 마음은 본래 악으로 기울어지기 때문에 하느님께서 주시는 약이 없으면 이내 더 큰 악으로 떨어집니다. 그러므로 영성체하는 것은 사람으로 하여금 죄를 멀리하고 선을 행할 수 있는 강한 힘을 줍니다. 성체를 영하며 미사를 지내는 데도 이렇게 경솔하고 제 마음이 차가운데, 만일 이 약을 쓰지 않아 큰 도움을 받지 않는다면 어찌 되겠습니까? 비록 적절하게 준비하지 못하여 미사를 드리기에 합당치 못한 날이 있다 해도 천상의 은혜를 영하고 그 은총을 얻기 위해 힘쓰겠습니다. 충실한 영혼이 당신을 멀리 떠나 죽을 육신을 끌고 다니며 사는 동안 특별히 위로로 삼는 것은 자주 하느님을 생각하여 신심 깊은 마음으로 사랑하는 분을 영하는 것입니다.

– 제4권 제3장

Date / / /

- 내 마음에 닿은 문장

- 《준주성범》 깊이 읽기

· 영성체하는 것은 사람에게 어떤 힘을 줍니까?

· 처음으로 모셨던 성체의 기억을 떠올려 보고, 나는 여전히 그때의 마음으로 성체를 영하고 있는지 묵상해 봅시다.

- 나의 묵상

신심으로 영성체하는 사람은 많은 축복을 받음

✠

2 주님, 제 순진한 마음과 참되고 견고한 신앙과 당신 명에 복종하는 뜻으로 정성을 다하여 희망을 품고 당신께 나아가니, 당신께서는 참으로 이 성사 안에 신성과 인성으로 계심을 확실히 믿습니다. 그리고 당신께서는 제가 당신을 영하여 당신과 사랑으로 결합하기를 원하십니다. 그러므로 당신의 자비를 구하며 그에 합당한 특별한 은총을 내려 주시기를 간절히 청하오니, 제가 당신 안에 완전히 녹고, 사랑에 깊이 잠기며, 당신 말고는 다른 어떤 위로도 찾지 않게 하소서. 이 지극히 높고 지극히 존귀한 성사는 영혼과 육신의 구원이며, 모든 영혼의 병을 치료하는 약이니, 이 성사로써 제 악습을 고치고, 욕망을 제어하고, 시련을 이기거나 적게 하고, 은총을 더 풍성히 받고, 시작된 덕행이 더 커지고, 신덕이 견고해지고, 희망이 두터워지고, 사랑이 열렬해지고 넓어집니다.

– 제4권 제4장

Date / / /

- 내 마음에 닿은 문장

- 《준주성범》 깊이 읽기

· 주님께서는 우리가 당신을 영하여 어떻게 되기를 원하십니까?

· 성체를 모시고 마음의 상처가 치유되었다거나, 위로를 받았던 경험이 있다면 묵상해 봅시다.

- 나의 묵상

그리스도의 십자가 상 제사와 우리 자신을 하느님께 맡김

✱

2 네가 너 자신이 아닌 것을 모두 다 차지한다 할지라도 만족하지 못하는 것처럼, 너 자신을 내게 바치지 않는다면 네가 무엇을 주든지 그것이 내게 만족스러울 수 없다. 너를 내게 바치고 하느님을 위하여 모든 것을 다 바쳐라. 그것이야말로 합당한 희생이 될 것이다. 나는 너를 위하여 아버지께 나를 온전히 바쳤고, 또 나의 몸과 피를 양식으로 내주어 온전히 네 것이 되고, 너도 나의 것이 되게 하고자 하였다. 네가 아직도 네 안에 머물러 있고, 네 뜻을 기꺼이 나에게 맡기지 않는다면 완전한 희생이 될 수 없고, 너와 나 사이에 완전한 결합이 이루어지지 못한다. 그러므로 자유와 은총을 얻으려 한다면 그 어떤 일보다 먼저 하느님의 손에 너 자신을 기꺼이 바쳐야 한다. 마음의 광명을 받고 자유를 얻는 사람이 그처럼 적은 것은 자신을 온전히 희생할 줄 모르기 때문이다. "누구든지 자기 소유를 다 버리지 않는 사람은 내 제자가 될 수 없다."(루카 14,33) 라고 한 말은 확실한 것이니, 네가 나의 제자가 되려거든 너 자신을 너의 모든 마음을 다해 나에게 바쳐라.

— 제4권 제8장

Date / / /

- 내 마음에 닿은 문장

- 《준주성범》 깊이 읽기

· 자유와 은총을 얻고자 할 때 제일 먼저 해야 하는 것은 무엇입니까?

· 내 삶에서 가장 우선순위로 두는 것은 무엇입니까? 그중 하느님은 어떤 위치를 차지하고 계시는지 묵상해 봅시다.

- 나의 묵상

자신을 하느님께 바치고 모든 이를 위해 기도함 (1)

1 **제자의 말** 주님, 하늘과 땅에 있는 모든 것은 다 당신의 것입니다. 저는 자유로이 저를 당신께 제물로 바치기를 원하고, 영원히 당신의 것으로 머물러 있기를 원합니다. 주님, 저는 오늘 깨끗한 마음으로 저를 당신의 영원한 종으로 바치며, 순명의 희생과 영원한 찬미의 제사로 저를 당신께 바칩니다. 눈으로 볼 수 없는 모든 천사들이 당신을 모시는 대전에 저와, 제가 봉헌하는 당신의 존귀한 성체의 제사를 함께 받아 주시어, 저와 모든 백성의 구원에 도움이 되게 하소서.

4 비록 작고 불완전하지만 저에게 있는 모든 좋은 것을 모두 당신께 바치오니, 저를 씻어 주시고 거룩하게 해 주소서. 제가 드리는 것이 당신 마음에 들고 당신께서 즐기시는 것이 되게 하시고, 게으르고 쓸데없는 저 같은 사람도 항상 더 나은 데로 이끌어 주시고, 사람들이 노래하는 행복한 곳으로 인도해 주소서.

– 제4권 제9장

Date / / /

- 내 마음에 닿은 문장

- 《준주성범》 깊이 읽기

· 제자는 주님께 자신을 어디로 인도해 주시길 청합니까?

· 주님께 부족한 나 자신을 내어 드리고자 하는 마음가짐이 되어 있습니까? 나의 구원을 위해 주님께 무엇을 바칠지 묵상해 봅시다.

- 나의 묵상

자신을 하느님께 바치고 모든 이를 위해 기도함 (2)

6 또한 제 마음을 어떤 이유에서든 상하게 하고, 제게 근심을 끼치고, 저를 비난하고, 혹 무슨 해나 고통을 준 사람들을 위해서도 화해의 제물과 기도를 바칩니다. 또한 제가 전에 말이나 행실, 또 알게 모르게 근심과 걱정을 끼친 사람들, 괴롭힌 사람들, 좋지 못한 표양을 보인 사람들을 위해서도 당신께 이 제사와 기도를 바치니, 저희의 모든 죄악과 서로의 잘못을 너그러이 용서해 주시기를 청합니다. 주님, 저희 마음에서 모든 의심과 원한과 분노와 쟁론과 그 밖에 무엇이든지 애덕을 거스르고 형제적 사랑을 훼손한 그 모든 것을 다 없애 주소서. 주님, 당신의 자비를 구하는 저희를 불쌍히 여기시고 가엾게 여기소서. 모든 면에서 많이 부족한 저희에게 은총을 주소서. 또한 저희가 당신의 은총을 누리고 영원한 생명에 이를 수 있는 자격을 갖춘 사람이 되게 해 주소서. 아멘.

– 제4권 제9장

Date / / /

- 내 마음에 닿은 문장

- 《준주성범》 깊이 읽기

· 제자는 어떤 이들을 위해 화해의 제물과 기도를 바칩니까?

· 나에게 상처를 준 이를 용서할 수 있습니까? 혹시 용서가 어렵다면 상처 입은 나 자신을 위해 기도를 바친 후 이를 묵상해 봅시다.

- 나의 묵상

영성체를 함부로 빼먹지 않음 (1)

✠

2 어떤 사람은 성체를 영하려고 준비할 때마다 사탄의 맹렬한 유혹을 겪는다. 그 사탄은(욥기에 기록된 것같이) 하느님의 아들들 가운데 섞여 악한 계교를 써서 그들의 마음을 어지럽히거나, 과도한 공포를 느끼게 하거나, 정신을 복잡하게 하여 그 마음에서 성체에 대한 마음을 덜어 내거나, 위협을 주어 신앙을 없애려 한다. 혹은 전혀 영성체를 하지 않게 하거나, 영한다 해도 아무런 열성도 없이 하게 한다. 그러나 그 계교와 환상이 아무리 더럽고 흉측하다 할지라도 조금도 걱정할 것은 없으며, 그 모든 환상을 전부 마귀에게 돌려면 그만이다. 가련한 그 마귀를 천하게 보고 업신여기고, 그가 충동을 일으키더라도 결코 영성체를 빼먹어서는 안 된다.

3 너무나 뜨거운 열정을 갖추려는 노력이나 고해성사에 대한 걱정이 성체를 영하는 데 방해가 될 수도 있다. 지혜로운 사람들의 훈계를 따라 함으로써 걱정을 끊어 버리고 지나치게 세심하지 말아야 하는데, 그런 태도는 하느님의 은총에 장애가 되고 신심을 약하게 하기 때문이다. 어떤 작은 걱정이 있고 마음이 조금 어지럽다고 영성체를 빼먹어서는 안 된다. 오히려 빨리 고해성사를 하고 다른 사람이 네 마음을 상하게 한 것을 기꺼이 용서해 주어야 한다. 그렇지만 네가 다른 사람의 마음을 상하게 한 일이 있거든 겸손하게 용서를 구하라. 그렇게 하면 하느님께서 네 죄를 기꺼이 용서해 주실 것이다.

— 제4권 제10장

Date / / /

- 내 마음에 닿은 문장

- 《준주성범》 깊이 읽기

· 성체를 영하는 데 오히려 방해가 되는 것은 무엇입니까?

· 주님께 나의 잘못과 죄를 숨김없이 고백하고 있습니까? 고해성사 때마다 매번 같은 죄를 고백하고 있지는 않은지 묵상해 봅시다.

- 나의 묵상

영성체를 함부로 빼먹지 않음 (2)

4 오랫동안 고백을 하지 않고 성체를 영하지 않으면 무슨 유익함이 있겠느냐? 시급히 네 마음을 비우고, 빨리 독을 토해 버리고, 급히 약을 써라. 오래도록 영성체를 미루는 것보다는 그렇게 하는 것이 훨씬 낫다. 오늘 이런 일이 있다고 영성체를 빼먹으면 내일은 아마 더 큰 장애를 만날 것이다. 그렇게 되면 성체를 영하는 데 장애가 생길 것이고, 너는 더욱 부당한 사람이 될 것이다. 될 수 있는 대로 빨리 지금의 무거운 짐과 태만을 벗어 버려라. 오랫동안 근심 걱정하고, 혼란한 상태로 지내고, 매일매일의 장애 때문에 하느님의 성체를 받지 않으면 좋을 것이 하나도 없다. 오랫동안 영성체를 미루는 것은 매우 해로운데, 그리되면 열정이 줄어들게 마련이기 때문이다. 오! 슬프다. 냉담하고 방탕한 사람들일수록 고해성사를 미루고 또 영성체를 미루려 하는데, 이는 성체를 자주 영하려면 자신에 대해 좀 더 엄격한 주의를 기울여야 하기 때문이다.

— 제4권 제10장

Date / / /

- 내 마음에 닿은 문장

- 《준주성범》 깊이 읽기

· 냉담하고 방탕한 이들은 고해성사와 영성체를 왜 미룹니까?

· 성체를 영할 때 기쁨이나 감사함을 느끼지 못하는 무미건조한 상태에 빠진 적이 있는지 묵상해 봅시다.

- 나의 묵상

신심을 기르려면 주님의 성체와 말씀이 필요함 (1)

1 **제자의 말** 지극히 감미로우신 주 예수님! 당신 잔치에 당신과 함께 참례하는 신심 깊은 영혼이 누리는 거룩한 기쁨은 얼마나 크겠습니까? 이 잔치에서 먹을 음식은 다른 것이 아니라 이 세상의 모든 희망과 원의의 목표며 목적인 당신입니다. 마리아 막달레나 성녀가 그러한 것처럼 저는 제 마음의 가장 깊은 곳에서 흘린 눈물로 당신 발을 씻어 드리고 싶습니다. 그러나 저에게 그런 열정이 어디에 있겠습니까? 그런 거룩한 눈물은 어디에 있겠습니까? 당신과 당신의 거룩한 천사들 앞에서 저의 온 마음이 타야 하고 기쁨의 눈물을 흘려야 될 것입니다. 당신은 비록 떡과 술의 형상으로 감춰 계시지만 이 성사에 진실로 저와 함께 계십니다.

– 제4권 제11장

Date / / /

- 내 마음에 닿은 문장

- 《준주성범》 깊이 읽기

· 우리가 주님의 잔치에서 먹을 음식은 무엇입니까?

· 성체성사의 기적에 대한 사례를 찾아보고, 이를 통해 느낀 점이 무엇인지 묵상해 봅시다.

- 나의 묵상

신심을 기르려면 주님의 성체와 말씀이 필요함 (2)

4 이 세상에서 살아가는 데 특별히 두 가지가 필요하다고 생각합니다. 그것들이 없으면 저는 이 세상 생활을 견딜 수 없을 것입니다. 육신의 감옥에 갇힌 제가 간절히 바라며 요구하는 그 두 가지는 음식과 빛입니다. 당신께서는 연약한 제게 당신 성체를 영혼과 육신의 양식으로 주셨고, 또 '제 발에 등불인 당신 말씀을 주셨습니다.'(시편 119,105 참조) 이것 없이는 제가 살 수 없으니, 하느님의 말씀은 제 영혼의 빛이요, 당신 성사는 생명의 떡입니다. 이것은 성교회의 보물 창고에 마련된 두 개의 상床이라고 할 수 있습니다. 한 상은 제대인데, 그 위에는 거룩한 면병 곧 그리스도의 성체를 모셨습니다. 다른 상은 하느님의 법의 상인데, 그 안에는 거룩한 교리가 있어 옳은 신앙을 가르치고 휘장 뒤에 있는 지성소에까지 안전하게 인도합니다. 영원한 빛 중의 빛이신 주 예수님, 당신 종인 예언자들과 사도들과 다른 학자들을 통해 저희에게 이 성경의 상을 마련해 주심에 감사를 올립니다.

– 제4권 제11장

Date / / /

- 내 마음에 닿은 문장

- 《준주성범》 깊이 읽기

· 이 세상에서 살아가는 데 필요한 두 가지는 무엇입니까?

· 내가 삶에서 가장 중요하게 여기는 가치는 무엇입니까? 본문에서 말하는 필수적인 사항과 비교해 보았을 때 어떤 차이점이 있는지 묵상해 봅시다.

- 나의 묵상

성체를 영하는 사람은 착실히 예비를 해야 함

4 나를 영하기 전에만 준비하면서 신심을 닦을 것이 아니라, 이 성사를 영한 후에도 그 신심을 보전하도록 온 힘을 다해야 한다. 나를 영하기 전에 신심을 다하여 준비하기보다 영한 후에도 그에 못지않게 신심을 보존하는 데 힘쓰는 것이 중요하다. 성체를 영한 후에 자신을 지키고 보호함으로써 더 훌륭한 은총을 받을 준비를 하게 되는 것이기 때문이다. 성체를 영한 후에 곧바로 쉽게 세속의 위로에 이끌리는 사람은 더 훌륭한 은총을 받기에 준비가 매우 부족한 사람이다. 말을 너무 많이 하지 말고, 고요한 곳에서 너의 진정한 친구를 만나는 것을 즐거움으로 삼아라. 네게 오신 분은 온 세상이라도 너에게서 빼앗아 갈 수 없는 너의 진정한 친구다. 나는 너를 위하여 모든 것을 바쳤다. 너를 완전하게 바치게 되면 너는 너를 위해 사는 것이 아니라, 아무런 걱정도 없이 오직 나를 위해 사는 것이 될 것이다.

– 제4권 제12장

Date / / /

• 내 마음에 닿은 문장

• 《준주성범》 깊이 읽기

· 성체를 영한 후에도 신심을 보존하는 데 힘써야 하는 까닭은 무엇입니까?

· 성체를 모신 후 드렸던 기도와 다짐을 일상에서 잘 지키고 있는지 묵상해 봅시다.

• 나의 묵상

신심 있는 사람들의 성체에 대한 열성 (1)

✱

1 **제자의 말** “얼마나 크십니까! 당신을 경외하는 이들 위해 간직하신 그 선하심이, 당신께 피신하는 이들에게 사람들 보는 앞에서 이를 베푸십니다.”(시편 31,20) 주님, 신심이 깊은 사람들이 지극한 신심과 사랑의 마음으로 당신 앞에 나아가 영성체하는 것을 생각할 때 저의 마음은 산란해지고 부끄러워집니다. 당신 제대나 영성체 난간에 나갈 때에 저의 마음이 이렇게 미지근하고, 냉랭하고, 사랑이 없고, 저의 하느님이신 당신 앞에서 완전하게 타지 않기 때문에 부끄러워집니다. 열정이 있는 사람들은 성체를 영할 때 당신에 대한 강렬한 사랑의 열망으로 눈물을 흘립니다. 또한 몸과 마음 깊숙이 생명의 샘이신 당신과 하나 되기를 열망합니다. 그러나 저는 그러하지 못합니다. 또한 저들은 큰 기쁨과 깊은 신심과 영적 열망으로 당신의 몸을 받아 모심으로써만 자신들의 허기를 채울 수 있습니다.

– 제4권 제14장

Date / / /

- 내 마음에 닿은 문장

- 《준주성범》 깊이 읽기

· 열정이 있는 이들이 성체를 영할 때 어떻게 됩니까?

· 성체를 향한 뜨거운 사랑과 갈망이 내 안에도 있습니까? 잠시 침묵 안에 머물러 기도하며 이를 묵상해 봅시다.

- 나의 묵상

신심 있는 사람들의 성체에 대한 열성 (2)

✠

2 오! 그들의 진실하고 뜨거운 신앙! 그 신앙이야말로 당신께서 이 성사에 계신 것을 훌륭하게 증명하는 것입니다. 그들은 '빵을 떼실 때에 당신을 알아보고'(루카 24,35 참조), 더불어 길을 걸으시는 예수님 당신에 대한 마음 역시 매우 열렬합니다. 저에게는 그런 마음과 신심, 그런 뜨거운 사랑과 열심이 너무 없습니다. 달고 어지신 예수님, 제게 자비를 베푸소서! 이 불쌍한 걸인이 영성체할 때 가끔이라도 열렬한 사랑을 은혜로이 느끼게 해 주시어 저의 신덕을 튼튼하게 하시고, 당신 자비에 대한 망덕을 크게 자라게 하소서. 한 번이라도 제 애덕이 천상의 만나를 맛본 후에는 다시는 없어지지 않게 하소서.

3 당신께서는 인자하시니, 갈망하는 이 모든 은혜를 제게 베풀어 주소서. 또 당신께서 좋아하시는 날이 오거든 저를 찾아 주소서. 저에게는 신심이 깊은 사람들처럼 열렬한 마음이 없습니다. 그러나 당신의 은총으로써 그들의 크고 열렬한 사랑을 사모하고, 당신을 뜨겁게 사랑하는 그들 사이에 들고, 거룩한 그들의 반열에 들기를 바라며 이렇게 빕니다.

– 제4권 14장

Date / / /

- 내 마음에 닿은 문장

- 《준주성범》 깊이 읽기

· 신심 있는 이들의 신앙은 무엇을 증명합니까?

· 성체성사로서 하느님 나라에 가까워지고자 한다면 어떻게 해야 할지 묵상해 봅시다.

- 나의 묵상

곤궁함을 그리스도께 드러내어 은총을 구함

*

1 **제자의 말** 지극히 사랑스럽고 달콤하신 주님, 저는 지금 당신을 영하고자 합니다. 당신께서 보시는 것과 같이 저는 나약함과 가난함으로 신음하고, 많은 죄와 악습 가운데 살고, 가끔 짓눌리며 시련을 당하고, 번민하며 더러워집니다. 저는 치료를 받으러 당신께 왔습니다. 위로와 구원의 도움을 구합니다. 모든 것을 다 아시는 당신께 아뢰니다. 당신만이 제 마음속을 명백하게 꿰뚫어 보시며, 당신께서 홀로 저를 완전하게 위로하고 도우실 수 있습니다. 당신께서는 저에게 특별히 어떤 덕행이 부족하고 어떤 선이 필요한지 아십니다.

2 보소서, 저는 가난하고 공로가 없습니다. 당신 대전에 서서 당신의 은총을 청하고 자비를 구합니다. 굶주리는 걸인을 먹이시고, 저의 차가운 마음을 당신의 불로 뜨겁게 해 주시고, 당신의 광명으로 저의 눈먼 처지를 비추소서. 이 세상의 모든 것을 쓴 것이 되게 하시며, 모든 어려움과 힘겨움을 인내의 덕으로 견디게 하시고, 모든 피조물을 업신여기고 잊게 하소서. 제 마음을 들어 올리시어 당신께 향하게 하시고, 땅에서 방황하지 않게 하소서. 당신만을 지금부터 영원히 흠모하려 합니다. 이는 당신 홀로 저의 양식이시며, 저의 사랑이시며, 저의 즐거움이시며, 저의 유일한 기쁨이시며, 저의 선이시기 때문입니다.

— 제4권 제16장

Date / / /

• 내 마음에 닿은 문장

• 《준주성범》 깊이 읽기

· 본문에서는 어려움과 힘겨움을 무엇으로 견디게 하길 청하고 있습니까?

· 내 마음도 꺼지지 않는 촛불처럼 예수님을 향한 사랑으로 항상 타오르고 있는지 묵상해 봅시다.

• 나의 묵상

그리스도의 성체를 영하려는 지극한 사랑과 간절한 원의

✱

1 **제자의 말** 많은 성인들과 신심 있는 사람들이 성체 영하기를 간절히 원한 것처럼, 주님, 저도 지극한 정성과 타는 사랑과 온전한 애정과 열정으로 당신을 영접하려 합니다. 성인들은 그들의 거룩한 생애로써 당신을 기쁘게 하였으며, 뜨거운 열정으로 살았습니다. 영원한 사랑이시요, 저의 온전한 선이시며 끝없는 행복이신 하느님, 저도 무수한 성인들이 늘 마음에 품었던 그 지극 정성의 원의와 공경으로 당신을 영하려 합니다.

5 모든 민족과 종족과 언어가 당신을 찬미하고, 또 당신의 거룩하고 사랑스러운 이름을 가장 지극한 즐거움과 정성으로 들어 높이게 하소서. 당신을 공경하는 신실한 마음으로 이 거룩한 성사를 거행하거나 굳은 믿음으로 성체를 영하는 모든 이가 당신 안에서 사랑과 자비를 얻게 하시고, 죄인인 저를 위해서도 기도하게 해 주소서. 그들이 당신 앞에서 간절한 소원의 응답을 받고, 당신과 즐겁게 결합되어 위로를 받고, 놀랍도록 새로워져서, 천상적 제대를 물러난 후에는 불쌍한 저를 생각하게 해 주소서.

– 제4권 제17장

Date / / /

• 내 마음에 닿은 문장

• 《준주성범》 깊이 읽기

· 성인들은 무엇으로 주님을 기쁘게 하였으며, 어떻게 살았습니까?

· 주님께서 주시는 은총에 늘 감사하며 이에 맞갖게 살아가고자 노력하는지 묵상해 봅시다.

• 나의 묵상

성체성사를 호기심으로 연구하지 말고,
겸손하게 그리스도를 본받음

✠

1 **주님의 말씀** 네가 의심의 구렁텅이에 빠지지 않으려거든 가장 오묘한 이 성사를 호기심으로 쓸데없이 연구하지 않도록 하라. 하느님의 위엄을 연구하는 사람은 그 영광에 눌리리라. 하느님께서는 사람이 깨달을 수 있는 것보다 더 많은 것을 하실 수 있다. 교훈을 받아들이고 또 교부들의 건전한 의견을 따라갈 마음으로 진리를 경건하고 겸손하게 연구하는 것은 괜찮다.

5 사람의 추론과 연구가 신덕을 앞서 가서는 안 되며 오히려 신덕을 따라가야 할 것이다. 성체성사에는 신덕과 사랑이 넘친다. 가장 거룩하고 가장 높은 이 성사는 은밀한 방법으로 작용한다. 영원하시고 무한하신 권능의 하느님께서는 하늘과 땅에서 헤아릴 수 없는 위대한 업적을 행하시는데, 사람이 그 경이로운 일을 연구하여 풀어낼 수는 없다. 하느님께서 행하시는 업적을 사람의 지능으로 쉽게 통달하여 풀 수 있다면 그것을 경이롭다 할 수 없고, 형언할 수 없는 것이라 할 수도 없다.

– 제4권 제18장

100

Date / / /

- 내 마음에 닿은 문장

- 《준주성범》 깊이 읽기

· 성체성사에 넘치고 있는 두 가지는 무엇입니까?

· 하느님께서 행하시는 모든 일을 지극히 인간적인 시선으로 바라보며 판단하려고 했던 적은 없는지 묵상해 봅시다.

- 나의 묵상

준주성범 묵상 노트

2021년 10월 1일 교회 인가
2022년 1월 1일 초판 1쇄 펴냄
2025년 3월 21일 초판 2쇄 펴냄

지은이 · 가톨릭출판사 편집부
펴낸이 · 정순택
펴낸곳 · 가톨릭출판사
편집 겸 인쇄인 · 김대영
편집 · 김지영, 강서윤, 김지현, 박다솜
디자인 · 강해인, 이경숙, 정호진
마케팅 · 임찬양, 안효진, 황희진, 노가영

본사 · 서울특별시 중구 중림로 27
등록 · 1958. 1. 16. 제2-314호
전자우편 · edit@catholicbook.kr
전화 · 1544-1886(대표 번호)
지로번호 · 3000997

ISBN 978-89-321-1813-0 03230

값 14,000원